그게 바로 사랑이야

국립중앙도서관 출판예정도서목록(CIP)
그게 바로 사랑이야 : 김국현 에세이 / 지은이: 김국현. --
서울 : 선우미디어, 2016
    p. ;   cm
ISBN 978-89-5658-424-9 03810 : ₩12000
한국 현대 수필[韓國現代隨筆]
814.7-KDC6
895.745-DDC23   CIP2016001245

그게 바로 사랑이야

1판 1쇄 발행 | 2016년 1월 20일

지은이 | 김국현
발행인 | 이선우
펴낸곳 | 도서출판 선우미디어
    등록 | 1997. 8. 7 제305-2014-000020
    02643 서울시 동대문구 장한로12길 40, 101동 203호
    ☎ 2272-3351, 3352 팩스: 2272-5540
    sunwoome@hanmail.net
    Printed in Korea ⓒ 2016. 김국현

값 12,000원

※ 잘못된 책은 바꿔 드립니다.
※ 저자와의 협의하에 인지 생략합니다.

ISBN 89-5658-424-9 03810
ISBN 89-5658-425-6 05810(PDF)
ISBN 89-5658-426-3 05810(E-PUB)

그게 바로
사랑이야

김국현 에세이

선우미디어

책을 내면서

학창 시절 나는 유달리 문학을 좋아했다. 국어 시간이 그렇게 즐거울 수 없었다. 겨울을 사랑하는 김진섭의 〈백설부〉와 미국을 동경하게 만든 천관우의 〈그랜드 캐니언〉은 나에게 수필가에 대한 꿈을 심어 주었다. 나이 들어 문단에 첫발을 내딛던 날, 어릴 때의 소망을 이룬 기쁨으로 잠을 설쳤다.

나는 등단 소감의 제목을 '새로운 꿈을 향하여'로 정한 적이 있다. 이제 그동안에 쓴 글을 한 권의 책에 모았다. 그때 나 자신과 한 약속을 지키려는 노력으로 얻은 보람이다.

가슴에 든 게 없고 읽은 글이 모자라는데 섣불리 책을 내는 건 아닌지 두렵고 부끄러운 마음이 앞선다. 하지만 어느 선배 수필가가 말했듯이 값진 흔적이 있어야 의미 있는 삶이 될 것 같아 내 속에 있는 열정이 식기 전에 용기를 내 보았다.

수필교실 첫 시간에 산영재 선생은 문학이란 사상의 형상화라는 이율곡의 문이형도(文以形道)의 가르침을 주셨다. 글쓰기는 마음의 수양을 통해 최선의 사상(思想)에 이르는 과정이라는 뜻이다. 수필에 실눈이라도 뜰 수 있게 된 지금, 그 의미에 대한 깨달음을 시도해 본다.

올해로 회갑을 맞았다. 회갑은 모든 해를 다 지내보았으니 새롭게 시작한다는 뜻이 있다고 한다. 이제 새로운 인생의 시작이다. 이 책은 지난 세월 나의 육신과 영혼을 사랑해 준 나 자신을 위한 선물이다. 그리고 사랑하는 가족과 지금의 내가 있게 도와주고 격려를 아끼지 않으신 모든 분들에게 드리는 조그만 정성이다.

요즘 아침에 일어나면 궁금한 게 하나 있다. 오늘은 무슨 소재를 만날까 하는 것이다. 온 세상은 수필의 소재로 가득하다. 그 속에서 진주를 발견하는 건 순전히 나의 몫이니, 늘 깨어 있는 삶을 살고 싶다. 그리고 고독하지만 외롭지는 않다. 세상이 나와 함께하기 때문이다.

2015년 겨울
경기도 분당에서　　霞螢 金國鉉

차례

책을 내면서 • 4

김국현의 작품 세계
이정림 ｜자신에게 충실한 이방인 • 219

 **어머니의 편지**

벚꽃 축제 • 12
밤의 정적(靜寂) 속에서 • 16
메밀밭에서 • 19
어머니의 편지 • 24
기찻길 • 27
이별 연습 • 31
수필, 사유의 지평을 열다 • 35
그게 바로 사랑이야 • 39

Chapter 2 시간이 멈춘 섬

가오리 떼의 비상(飛翔) • 46
응급실 풍경 • 50
대마도 여정(旅情) • 54
미국의 911 • 58
시간이 멈춘 섬 • 62
설중매(雪中梅) • 66
물소리 바람소리 • 70

Chapter 3 펜션열차를 타고

산수화 속으로 • 76
고향 집 마당 • 81
청령포의 솔향기 • 85
펜션열차를 타고 • 89
흔적 • 94
첫눈 내리는 날 • 99
병실에서 • 103
매력에 빠지다 • 107

Chapter 4 | 매화향기 속에서

리어카의 추억 · 114

노란 리본 · 118

매화향기 속에서 · 122

회장님 오신 날 · 126

이방인 · 130

붉은 사과 · 134

시간 여행 · 138

Chapter 5 | 색의 향연(饗宴)

강물 · 144

색의 향연(饗宴) · 148

지족상락(知足常樂) · 152

워낭 소리 · 156

사랑스러운 우리 아가야 · 160

무욕(無慾)의 삶 · 164

수필에 대하여 · 168

꽃잎 속에 잠든 여인 · 173

인면와(人面瓦)의 미소 Chapter 6

만년필 이야기 • 180
단풍 예찬 • 184
아버지와 기차 • 189
홀로 있음에 • 193
인면와(人面瓦)의 미소 • 197
오월의 외출 • 202
합장(合葬) • 205
이제는 문학이다 • 210

나의 수필 세계
나의 작가노트 • 214

벚꽃 축제

Chapter 1

어머니의 편지

벚꽃 축제

밤의 정적(靜寂) 속에서

메밀밭에서

어머니의 편지

기찻길

이별 연습

수필, 사유의 지평을 열다

그게 바로 사랑이야

꽃은 지더라도 그 자리에 새 생명이 자라나고 있는 것이다. 비록 꽃의 화사함은 금세 잊혀지겠지만, 벚나무는 신록으로 우거지는 또 다른 계절을 힘차게 준비하고 있다. 바람에 떨어지는 꽃잎이 희망의 화신(化身)이 되어 내 가슴 위로 사뿐히 내려앉는다. 우리도 쉽게 절망하지 말고 인내하고 기다리면 새로운 소망을 찾을 수 있을 것이다.

벚꽃 축제

　겨울의 혹한을 무사히 견뎌내고 꽃샘추위가 지나면 벚나무는 여지없이 꽃망울을 터트린다. 벚꽃은 동네 어귀에서나 산과 들에서 순백색의 자태를 자랑하며 봄맞이 가자고 나를 유혹한다. 세상은 온통 벚꽃으로 덮인 축제의 한마당이 된다.

　벚꽃은 그저 바라만 보고 기다리면 스스로 꽃을 피운다. 그런데도 사람들은 날씨가 추워지면 만개가 늦어질 것을 염려하고, 더워지면 너무 일찍 개화할까봐 아우성이다. 그들이 축제일을 미리 정해서 사람들을 초청해 둔 까닭이리라. 하지만 벚꽃은 그런 건 아랑곳하지 않고 때를 맞추어 꽃망울을 터트린다.

　신은 사랑하는 인간이 행복해지기를 원해서 아름다운 자연을 주셨다고 한다. 그러니 사람은 신의 선물에 감사하면서 자연을 즐기기만 할 일이다. 벚꽃도 사람들이 그러하기를 원하고 있을 것이다.

　벚꽃은 별 모양의 꽃잎 속에 또 다른 작은 별을 머금고 있다. 밤에는 하늘로 올라가는 꿈을 꾸며, 낮에는 세상을 밝고 맑게 가꾸고 싶은 소망을 가지고 있기 때문이리라. 노란 꽃술마다 벚꽃의 꿈들이 하나씩 담겨 있는 듯하다.

　꽃잎이 바람을 따라 흩날린다. 술 취한 사람마냥 기분이 좋아 어깨를 흔들기도 하고, 친구를 찾아 시골 담장을 넘어가는 하얀 나비처럼 하늘거린다. 나뭇가지는 세상이 그리워 땅으로 내려앉다가 하늬바람 한 줄기에도 바람과 함께 너울거리고, 꽃송이가 하늘까지 꽉 차 있어 금방이라도 내 얼굴로 쏟아질 것 같다. 벚꽃의 향연에 내 마음은 온통 하얀색으로 물든다. 우리 민족의 가슴 속에 있는 순결과 검소의 미덕이 벚꽃으로 다시 피어난 듯하다. 벚나무가 일본이 원산지라는 말이 있지만, 제주도의 한라산 높은 곳에 왕벚나무가 오랜 세월을 견뎌 내고 있다고 한다.

　눈처럼 떨어지는 꽃잎을 맞으며 벚나무 아래를 걸어 본 적이 있는가. 라이너 마리아 릴케는 우수수 떨어지는 꽃잎을 바라보며 사랑이 찾아오는 모습을 연상하였다. 나도 바람에 나풀거리는 꽃잎 향기에 취해 첫사랑의 추억 속에 잠겨 본다.

비가 오고 있다. 어느새 우산 위에 젖은 꽃잎이 소복이 쌓여 간다. 꽃무늬가 져서 우산을 툭툭 털어도 쉽게 떨어지지 않고 그대로 붙어 있다. 세상에서 해야 할 일이 아직 남아 있나 보다. 새들이 가지 사이로 날아든다. 비가 좋아 꽃이 좋아 어느새 그들과 친구가 되었다. 한참을 바라보고 있으려니 구름이 조금씩 걷히고 나뭇가지 너머로 잿빛 하늘이 동그마니 보인다. 꽃송이들 사이로 햇살이 비집고 들어와 별빛 모양을 하며 바람이 부는 대로 깜박거린다. 꽃잎들이 비를 맞아 눈망울이 초롱초롱하다. 엄마 품에서 목욕하고 금방 나온 아기 얼굴 같다.

벚꽃은 파란 하늘을 배경으로 할 때 가장 아름답다. 배색도 어울리지만 햇빛을 받아 자신을 마음껏 화사하게 연출한다. 시골의 벚꽃 축제장에는 꽃송이가 가지마다 주렁주렁 달려 있어 목화처럼 탐스럽다. 마을 한쪽에서는 품바 공연이 한창이다. 사람들이 하나 둘씩 모여 즐겁고 슬픈 사연에 같이 흔들린다. 각설이들은 벚꽃과 무슨 인연이 있기에 나무 아래에서 타령을 하는가. 그들은 어떤 연유로 남들이 즐거워하는 축제장에서 인생을 구슬프게 노래하고 있을까. 품바의 노랫소리가 벚꽃 향기에 취하고, 그 속에서 나도 함께 흥겹다.

오늘은 아침부터 비가 내리고 있다. 우산을 쓰고 산책을 하고 있으려니 벚꽃이 송이송이 모여 얼굴을 비비며 울고 있다. 간밤에 무슨 일이 있었을까. 자기의 예쁜 모습을 세상에 보여 주는 시간이 너무 짧아 그것이 슬픈 것인가. 꽃송이들을 지탱하고 있는 나뭇가지도 함께 흐느적거린다. 누가 4월은 잔인한 달이라고 했던가. 다른 생명체는 새로운 삶을 시작하는데, 벚꽃은 벌써부터 자기의 일생을 다하려는 듯하다. 바람이 불고 비가 오면 꽃은 지고 꽃잎은 떨어진다. 우리들 인생도 이 같이 젊고 활기찬 모습은 세월이 지나면서 시들어진다.

그런데 자세히 살펴보니 꽃송이 사이로 새순이 움트고 있다. 간밤에 내린 봄비로 씻은 조그만 손바닥을 자랑스럽게 펼쳐 보인다. 연둣빛 속에 아기 손금 같은 무늬가 제법 선명하다.

아! 꽃은 지더라도 그 자리에 새 생명이 자라나고 있는 것이다. 비록 꽃의 화사함은 금세 잊혀지겠지만, 벚나무는 신록으로 우거지는 또 다른 계절을 힘차게 준비하고 있다.

바람에 떨어지는 꽃잎이 희망의 화신(化身)이 되어 내 가슴 위로 사뿐히 내려앉는다. 우리도 쉽게 절망하지 말고 인내하고 기다리면 새로운 소망을 찾을 수 있을 것이다.

밤의 정적(靜寂) 속에서

　산골의 밤은 칠흑같이 어둡다. 동네 어귀의 가로등 불빛만 어스름히 길을 비춘다. 조금 전에 창문 너머 저녁노을이 붉게 물들었다 싶었는데, 해가 앞산 봉우리를 넘어간 지 오래되었나 보다.
　어두움과 함께 온 세상이 정적에 잠겼다. 창밖에 개구리 우는 소리와 이웃 사람들의 두런거리는 소리, 귀가하는 학생들의 발자국 소리가 가끔씩 이어지더니, 어느새 그런 소리조차 들리지 않는다. 멀리 개 짖는 소리가 밤의 고요를 깨우려고 안간힘을 쓰고 있을 뿐이다.
　시골의 밤하늘에는 별빛이 유난히 반짝인다. 하늘에 떠 있는 별들은 깜깜한 밤하늘을 밝게 비추어 주기에 더욱 소중하고 아름답다. 비록 대우주 속에 너무나 작고 보잘것없지만, 나만의 고유

한 존재임을 세상에 알리고 싶어 창가에 작은 촛불 하나를 켠다.

이제 혼자만의 시간을 맞으며 나는 한없는 자유를 느낀다. 깊은 밤에 어둠이 내리는 소리는 내 가슴을 여미게 한다. 어둠 속에서 나 자신과의 소중한 만남이 시작되기 때문이다. 그래서 온종일 밤이 오기를 기다렸나 보다.

어떤 사람은 밤이 어둡다는 이유로 새벽의 여명을 기다리거나 밝은 아침을 더 좋아한다. 젊음의 상징인 한낮의 태양을 즐기는 사람들도 있다. 그렇지만 나는 고요한 밤이 좋다. 학창 시절에는 어려운 시험문제를 풀며 고뇌와 열정 속에서 젊은 밤을 지냈고, 나이 들어 공직에 있을 때는 새로운 정책을 구상하느라 수많은 밤을 하얗게 지새우곤 했다. 밤은 내일의 희망을 품고 성취의 희열을 느낄 수 있어 내 인생에서 가장 보람 있는 시간이었다. 그래서 나는 하루 중에 밤을 제일 아끼고 사랑한다.

무수히 많은 밤이 하늘의 별처럼 흘러갔다. 오늘 밤이 지나면 또 다른 밤이 여지없이 다가온다. 나 자신이 내일 밤에는 오늘보다 더 성숙되어 있기를 바란다. 오늘 내게 일어났던 모든 일들은 밤의 어둠 속에 묻어버리고, 내일 아침에 떠오르는 태양과 함께 새로운 나 자신을 발견할 것이다. 인생에서 밤은 노년을 의미하기도 하지만, 새벽을 기다리는 새로운 시작일 수도 있다.

한때 〈밤을 잊은 그대에게〉라는 라디오 프로그램을 즐겨 들은 적이 있다. 방송에서 흘러나오는 팝송이 좋아 새벽까지 듣다가 늦잠을 자기도 했다. 나도 모르게 프로그램의 제목처럼 되어갔지만, 밤은 아름다운 음악 선율로 가득하였고, 나의 잠자리는 언제나 작은 콘서트홀이었다.

밤의 어두움 속에서 희망의 끈을 놓지 않고 꿋꿋이 살아가는 사람들이 있다. 수산물 시장에는 어부들의 손놀림이 바쁘고, 동네 골목에서는 신문을 배달하는 청년들의 발자국 소리가 새벽이 오기 전에 시작된다. 도심의 골목길을 누비는 청소부와 도로 공사를 하는 일꾼들은 밤 시간이 제일 분주하다. 나는 그들에게서 삶에 대한 강한 열정을 배운다.

밤은 더 이상 절망의 시간이 아니다. 밤은 어두움과 고요가 한데 어울려 그 자체로서 존재할 뿐이다. 밤을 유익하게 보내면 새 아침을 자신 있게 맞이하듯이, 밤을 사랑하는 사람은 희망을 가지고 더 좋은 내일을 기약할 수 있다. 성공과 보람의 열매가 기다리기에 밤을 잊은 그들에게 이 밤은 더없이 소중하다.

내 마음의 한 조각을 수필 한 편에 털어내고 나니 가슴이 후련하고 뿌듯하다. 아직 한밤중이지만 창가에 내건 내 마음의 촛불을 거두어들인다. 내일 떠오를 태양을 기다리며 이제 잠자리에 든다.

나는 밤의 어두움 속에서 밝은 빛을 본다. 밤의 정적 속에서 희망의 소리를 듣는다.

메밀밭에서

 메밀꽃이 흐드러지게 피어 있는 봉평의 9월이다. 고등학교를 졸업한 지 삼십여 년 만에 담임선생님을 모시고 급우들과 함께 이효석의 소설 〈메밀꽃 필 무렵〉의 무대를 찾았다.
 연로하신 선생님께 뜻 깊은 여행이 되게 하려고 친구들과 의견을 모았다. 선생님이 당시 국어를 가르치셨기에 그에 어울리는 장소로 이곳을 택했는데, 여기서 우리는 학창 시절로 돌아간 듯했다.
 이 고장의 향토 문화 해설가는 우리 일행을 '평창효석문화제'가 열리는 장소로 안내했다. 사방이 시원스레 탁 트인 높다란 전망대에 오르자 우리는 일시에 감탄사를 토해냈다. 눈앞에 펼쳐진 메밀꽃 들판은 마치 햇살에 반짝거리는 바다를 보는 듯했다. 뒤편으로도 한적한 산허리에 걸친 길섶에 무리 지어 피어 있는 메밀꽃이 정말이지 그림 같은 풍경을 이루고 있었다.

> 밤중을 지난 무렵인지 죽은 듯이 고요한 속에서 짐승 같은 달의 숨소리가 손에 잡힐 듯이 들리며, (…) 산허리는 온통 메밀밭이어서 피기 시작한 꽃이 소금을 뿌린 듯이 흐뭇한 달빛에 숨이 막힐 지경이다. (…)

이곳에 오기 전날 다시 읽어 본 소설의 배경이 떠오른다. 나는 그 장소에서 소설의 주인공인 허생원과 동이의 이야기 속으로 들어가 본다. 허생원이 동이를 아들이라고 말하지는 않지만, 동이가 아들이라는 느낌만으로 그저 행복해하는 모습이 자꾸만 가슴을 뭉클하게 한다.

여기 이 아름답고 행복한 분위기에 전혀 어울리지 않는데도 불현듯 며칠 전 매스컴에 보도된 어느 가장의 불행한 죽음이 생각났다. 자식의 앞날은 생각지도 않고 세상사의 고달픔을 자살로 대신해 버린 한 아버지의 사연은 실로 가슴이 아팠다. 나 역시 한때 병마의 고통 속에서 가족을 부양해야 한다는 부담감 때문에 현실에서 도피하고 싶은 유혹을 느껴 본 적이 있었기에, 그 기사를 예사롭게 넘길 수가 없었다. 아들이 중병에 걸려 회복될 가능성이 없는 데다 자신도 건강이 나빠지고 직장마저 잃은 오십 대 가장이었다. 물론 세상에는 견디기 어려운 고통과 슬픔이 있다. 그 힘든 시련으로 한순간 절망의 구렁텅이에 빠져 버리고 싶은 마음이 어찌 없겠는가. 나는 그 기사를 보면서 '가장으로서 얼마나 힘들었으면 자살을 생각할 수밖에 없었을까.' 하는 동정심이 들기도 했다.

그렇지만 부모와 자식은 어떤 관계인가. 자식은 언제나 아버지에게는 희망이다. 어떤 면에서는 자신보다 더 사랑하는 존재일 수도 있다. 그토록 소중한 자식을 두고 스스로 목숨을 끊는다는 것은 참으로 안타까운 일이다.

소설 속의 허생원은 자식을 곁에 두고서도 아비임을 끝내 내색하지 않으면서 자신의 분신을 확인한 것만으로도 행복을 느끼고 있었다. 그 순간을 "걸음도 해깝고 방울소리가 밤 벌판에 한층 청청하게 울렸다."로 묘사하고 있다. 목숨을 버린 가장도 자기 아들이 이 세상에 존재한다는 사실만으로도 행복을 느낄 수 있었더라면 자살이라는 극단적인 선택은 하지 않았을 것이다. 기사 속의 아버지는 아들 때문에 불행했고, 소설 속의 아버지는 오히려 아들 때문에 행복했다. 같은 아버지의 삶인데 어쩌면 자식에 대한 의미가 이다지도 다를까.

허생원이 험한 인생을 살아갈 수 있었던 힘은 오직 한 여인과 함께 보낸 하룻밤의 인연과 평생토록 간직한 그녀에 대한 그리움이었다. 행복의 조건이 다양한 지금의 세태(世態)와는 퍽 동떨어진 이야기이다. 하지만 대상이 무엇이든 욕심을 내려놓고 있는 그대로를 사랑할 수 있는 마음이야말로 행복으로 가는 지름길이 아닐까. 행복의 반대는 불행이 아니라 도피라고 나는 생각한다. 주어진 것에 순응하며 소설 속의 허생원처럼 밝고 순수하게 살아간다면 그 어떤 고난도 헤쳐 나갈 수 있지 않을까 싶다.

 스스로 세상을 등진 가장도 한때는 행복했던 시절이 있었을 것이고, 자식의 재롱과 성장을 보면서 즐겁고 기쁜 일도 많았을 것이다. 사람은 어떠한 역경과 고난에 처해도 행복의 실마리를 붙잡을 수 있다고 나는 생각한다. 그 사람의 의지에 따라 행복과 불행이 나누어질 수 있을 테니까.

 하지만 허생원과 그 가장이 보여주는 서로 다른 모습은 자식에 대한 사랑의 양면성일 수 있다. 비록 못나고 부족하더라도 아버지에게 자식은 언제나 사랑의 대상이다. 보면 반갑고 안 보면 보고 싶은 것이 바로 자식이 아니던가. 자식이 지은 죄에 대한 벌을 대신 받아서라도 자식을 보호하고 싶고, 속을 썩이고 힘든 일을 당해도 모든 걸 용서하며 자식의 행복만을 바라는 것이 아버지의 마음이다. 그런 연유로 자식이 조금만 잘되면 세상을 다 얻은 듯

기뻐하고, 병이 나거나 고된 삶을 살아가면 더할 나위 없이 괴로워한다. 자식에 대한 사랑이 그토록 절실하기에 희망이 절망으로 바뀌는 순간, 아버지들은 심각한 좌절감을 느끼며 자신의 목숨까지 버리고 싶어지는 게 아닐까.

나는 메밀밭을 바라보며 이효석이 그린 밤 풍경에 허생원과 죽은 가장의 생전에 즐거웠던 모습을 겹쳐서 상상해 본다. 두 아버지의 얼굴이 꽃 속에서 환하게 웃고 있다.

내년 여름에는 가족과 함께 봉평의 메밀밭에 하얗게 피어오를 꽃봉오리들을 보러 올 것이다. 메밀꽃이 행복의 전령(傳令)처럼 다가올 것을 마음속에 그리면서.

어머니의 편지

 오랜만에 우체국에 갔다. 큰아이의 결혼 청첩장을 보내기 위해서였다. 창구는 편지를 보내려는 사람들로 분주했다. 전화나 이메일로 쉽게 연락하는 요즘 세상에서도 편지를 쓰는 사람들이 참 많구나 하는 생각이 들었다. 아직도 사람들은 연인이나 친구, 부모님에게 안부를 묻거나 자신의 진솔한 감정을 글로 표현하고자 할 때는 편지를 즐겨 이용하는가 보다.
 하긴 편지로 받아보는 사연은 전화나 이메일에서는 느낄 수 없는 깊은 맛이 있다. 전화나 이메일같이 기계를 이용하는 것은 어쩐지 삭막하게 느껴지지만, 편지는 보낸 사람의 체취가 묻어 있어 그런지 더 정감 있게 다가온다. 각종 고지서와 홍보물만 가득 들어 있는 우편함에서 육필로 쓴 봉함편지를 받아 본 것이 언제였던가.

  나도 학창 시절에는 편지를 자주 썼다. 공부를 핑계로 부모님을 찾아뵙지 못할 때는 죄송한 마음에 편지로 인사를 대신하곤 했다. '부모님 전상서'로 시작하는 편지는 부모님의 안부를 여쭙는 내용이 주를 이루다가, 말미에 소위 '향토 장학금'이라는 명목으로 용돈이 필요하다는 속내를 드러내곤 했었다.

  내가 한창 공부에 열중하던 그해 겨울은 학교 근처에 고시 준비생들이 기숙하는 건물에서 지냈다. 하루는 건물 앞 단골 밥집에서 저녁을 먹고 방으로 돌아오니 집주인이 편지 한 통을 건네주었다. 한눈에 고향에 계신 어머니에게서 온 것임을 알아차렸다. 글씨만 보아도 어머니를 본 듯 반가웠다. 글자 모양은 옛 글씨체로 되어 있었고, 된소리 받침은 소리 나는 대로 적고 모음도 읽기 쉬운 대로 써 내려갔다. 하지만 펜으로 한 자 한 자 정성스레 쓴 글씨를 보노라면 절로 감동이 이는 그런 글 솜씨였다.

  그 편지는 '자랑쓰러운, 우리 아들에게'로 시작되었는데, 어머니의 자식 사랑이 듬뿍 담겨 있었다. 첫 구절을 읽는 순간 갑자기 눈시울이 뜨거워졌다. 당시는 시험이 얼마 남지 않은 때여서 잠시도 쉴 틈 없이 책과 씨름하며 정신력으로 버텨나가던 시절이었다.

    엄마는 너에 성공을 믿는다. 너는 우리 지베 자랑이라. 지그믄 어려울찌라도 조그만 참꼬 견디거라. 나는 맨날 너에 합껴글 빌고 또 빌고 잇따. 잘 쳉겨주지도 모탯는데 아직또 잘 참꼬 시험 준비해주니 차므로 고맙따. 아버지의 못따 이룬 꿈을 네가 이루어 드려라.

나는 눈물을 훔치며 편지를 읽고 또 읽었다. 떨어진 눈물에 글씨가 번져 잘 보이지 않는 곳도 생겼다. 그날 이후 내 책상 앞에는 어머니의 편지가 합격 통지서를 받던 날까지 줄곧 붙어 있었다. 공부하다 지치면 쳐다보며 마음을 다잡곤 하던 내 인생의 이정표였다. 그렇게 어머니는 시험 준비를 하던 내내 나와 함께 계셨던 것이다.

몇 해 전 고향 집에서 어머니의 일주기를 맞았을 때, 나는 어머니에게 올리는 편지를 썼다. 가족들 앞에서 '사랑하는 어머니에게'로 시작되는 첫 문장을 읽어 내려가면서 목이 메기 시작했다. 그 편지는 평생 자식의 행복을 위해 희생하신 어머니에 대한 감사와, 이제는 우리들 걱정 그만하고 하늘에서 평안히 영생을 누리시라는 내용이었다. 생전에 지극하던 어머니의 사랑은 돌아가신 후에도 내 마음에 감동을 주고 계셨다.

이제 봄이 오면 어머니의 산소를 찾아가서 큰아이가 결혼하여 착한 손부(孫婦)를 맞았다는 소식도 전해 드리고 어머니의 안부도 여쭙는 편지를 써서 읽어 드리련다. '이 세상에서 제일 자랑스러운 어머니에게'로 시작하면서.

기찻길

 모처럼 고향으로 가는 기차를 탔다. 어릴 적 친구의 아버지가 돌아가셔서 문상을 가는 길이었다. 가을이 깊어가면서 기찻길 양편으로 크고 작은 나무와 야생초가 색동옷으로 갈아입고 화장을 하느라 분주하다. 어린 시절의 빛바랜 흑백 사진들이 단풍에 물이 들어 갖가지 색깔을 하고 추억 속에서 새롭게 살아난다.

 내가 살던 집은 기찻길과 가까이 있었다. 틈만 나면 부모님 몰래 동네 친구들과 철길을 따라 걷기도 하고 철로에 귀를 대보면서 기차가 오고 있다는 걸 먼저 알아맞히는 내기를 하곤 했다. 그때는 기차 바퀴가 달그락거리며 멀리서 들리다가 기차가 가까이 다가오면 그 소리가 점점 더 커지는 게 그렇게 신기할 수 없었다. 우리는 가끔 동전을 철로 위에 놓아두었다가 기차가 지나가면서 바퀴에 눌려 납작해지면 그 가장자리에 구멍을 뚫어 목걸이를 하고 다니곤 했다. 하루에 서너 번 지나가던 기차 시간을 얼추 알고 있었기에 철로 위에서 놀면서도 제법 여유가 있었다.

내가 여섯 살 되던 해에 아버지는 생일 선물로 세발자전거를 사 주셨다. 아침에 일어나 하얀 비닐에 싸인 채 머리맡에 놓여 있던 파란색 자전거를 발견하고 기뻐했던 기억을 아직도 잊을 수 없다. 그날부터 나는 자전거를 타고 친구들과 경주도 하고, 신이 나면 기찻길 근처로 가 보기도 했다.

하루는 밖에서 놀다가 집으로 돌아왔는데 자전거가 보이지 않았다. 기찻길 근처 어디엔가 두고 온 것 같아 형들과 함께 급히 나섰지만 자전거는 거기서도 찾을 수 없었다. 나는 너무나 아쉬워 한동안 허탈감에 빠지기도 했다. 아버지는 내가 자전거를 잃어버린 것을 아시면서도 나무라지 않고 모른 척하셔서 어린 마음에도 더욱 죄스러운 생각이 들었다. 그 후로는 기찻길 근처에 잘 가지 않았다.

그 기찻길로부터 멀지 않은 곳에서 나의 친구 하나가 목숨을 잃었다. 그 친구는 내가 초등학교 3학년 때 같은 반이 된 이후 거의 매일 함께 지냈다. 집 앞에서 자기를 기다리는 나를 발견하면 동네가 떠나갈 만큼 큰 소리로 내 이름을 부르며 달려오는 모습이 지금도 눈에 선하다. 학교나 산, 개울이나 우리가 가는 곳이면 어디든 우리들의 놀이터였다. 봄에는 진달래꽃을 따러 산으로 올라갔고,

여름이면 동네 개울가에서 피라미를 잡았다. 가을에는 단풍잎을 주우려 학교 운동장을 누볐고 겨울이 되면 개천에서 함께 썰매를 탔다. 그 후 우리가 서로 다른 고등학교로 진학하면서 관계가 소원해졌고, 가끔 친구들 편에 서로의 소식만 전해 들으며 지냈다.

하루는 저녁에 다른 친구 집에 모임이 있어 갔다가 그를 오랜만에 만났다. 그 친구는 귀공자의 모습으로 성장해 있었다. 거기서 그는 기타를 치며 〈낙엽따라 가버린 사랑〉을 불렀는데, 굵고 애절한 목소리로 우리 모두의 마음을 사로잡았다. 소문에는 그 친구가 잘생기고 멋이 있어 여학교마다 소문이 날 정도였다고 한다. 그로부터 얼마 지나지 않은 늦가을 어느 날, 그는 기타를 어깨에 메고 기찻길을 걷다가 달려오는 기차에 뛰어들어 아까운 생을 마감한 것이다. 그때 친구가 그 노래를 즐겨 부르지 않았더라면 그토록 허망하게 가지 않았을지도 모른다는 생각을 나는 해보았다. 그리고 왜 하필이면 내가 어릴 때 놀던 그 기찻길 근처에서였는지….

그의 장례를 치르고 난 후 친구들 몇이서 부모님을 위로해 드리러 그의 집을 방문하였다. 그들은 죽은 자식이 돌아온 듯 우리 손을 잡고 한참을 우셨다. 그의 마지막 순간을 회상하고 싶어서 책상 서랍을 열어보니 한 권의 일기장이 나왔다. 거기에는 "집 뜰 안에 있는 나무 잎사귀들이 바람에 흔들린다. 그들도 나를 비웃는 것 같다…."라는 글귀가 눈에 띄었다. 그가 죽음을 오래 전부터 예비하고 있었던 것 같아 그 자리에 있던 우리 모두는 큰 충격을 받았다. 그때 만약 누군가 그를 위해 인생 상담이나 정신적인 치유를 시도해 보았더라면 그렇게 쉽게 가지는 않았을 거라는 아쉬움으로 나의 가슴이 메어졌다.

그 후 나는 주말에 기차를 타고 고향 근처로 오면 혹시 그의 흔적이라도 볼 수 있을까 해서 창밖을 내다보곤 했다. 그럴 때마다 기타 연주에 맞추어 부르던 그의 노랫소리만 귓전에 맴돌 뿐이었다. 어느 여학생과의 애절한 사랑이 이루어질 수 없어 그렇게 힘들어 했던 건 아닌지 하는 상상도 해 보았다.

(…) 낙엽이 지면 꿈도 따라 가는 줄 왜 몰랐던가 / (…) / 너와 나의 사랑의 꿈 낙엽 따라 가버렸으니.

지금 내가 타고 있는 기차는 그가 마지막 순간을 보냈던 철길 근처를 지나가고 있다. 단풍으로 물든 나뭇잎이 산기슭에도 시골 학교 운동장에도 떨어진다. 그리고 기찻길에도 하염없이 내려앉아 있다가 지나가는 기차에 깜짝 놀란 듯 바람소리를 내며 허공으로 흩날린다.

오늘처럼 깊어 가는 가을이면 낙엽을 따라 내 곁을 훌쩍 떠난 그 친구가 더욱 그리워진다.

이별 연습

병원에 정기 검사를 받으러 갔다. 튜브처럼 생긴 보어(Bore) 안이 불빛을 받아 환하다. 두 팔을 차려 자세로 하고 좁은 침상에 누웠다. 벌떡 일어나면 머리가 천장에 닿을 것 같다. 나의 몸에 맞춘 것처럼 생긴 통 안에 꼭 낀 채 꼼짝을 못하고 있다.

갖가지 기계음이 차례로 귓전을 울린다. 아무 소리가 나지 않을 때는 잠이 오기도 하지만, 그러다 영원히 깨어나지 못할 것 같아 정신을 또렷이 하려고 안간힘을 쓴다. 기계도 그걸 알아차렸는지 간혹 달그락거리며 잠을 깨운다. 어떤 때는 사이렌 소리를 내며 나를 응급실로 데려가는 착각에 빠지게도 한다.

얼마 전 텔레비전에서 출연자들이 관 속에 들어가 누워 있는 장면을 방영한 적이 있다. 언제 닥칠지도 모르는 죽음을 먼저 체험하여 인생을 좀 더 가치 있게 살아보자는 의도로 제작된 것이다. 아, 나도 죽을 때 이런 기분이 들까. 보어 속에서 죽는 연습을 할 수 있다는 게 차라리 다행이라는 생각이 들었다.

　죽음도 삶의 일부라는 말이 있다. 인생을 낭비하지 않고 하루하루 충실하게 잘 살아가는 것도 중요하지만, 죽음을 준비하고 잘 맞이하는 것도 아름답고 고귀한 삶의 한 과정이다.

　오래 전 아버지는 선산에 가묘를 마련하셨다. 조상님들의 산소에서 멀지 않은 곳에 나무를 베고 땅을 골라 봉분을 쌓았다. 지관과 함께 좋은 위치를 정했다고 좋아하며 편안한 미소를 지어 보이시곤 했다. 일찌감치 세상과의 이별을 준비하고 계셨던 것이다. 아버지는 그로부터 20여 년을 더 사셨다.

　죽음을 즐기면서 기쁘게 받아들일 사람은 아무도 없다. 모두가 두려운 마음에 최대한 늦추고 싶어 하고, 막상 죽음이 닥치면 불행한 현실을 거부하며 몸부림치게 된다. 그렇지만 세상에 태어난 것이 태어날 인연이 되었기 때문이듯 죽는 것 또한 운명에 따르는 것일 뿐이다. 죽음은 자연의 원리에 따라 일어나는 변화의 한 과정이다. 죽은 사람을 돌아가신 분이라고 하는 이유도 죽음과 함께 내가 왔던 곳으로 다시 돌아간다는 의미가 아닌가.

　제행무상(諸行無常), 모든 것은 한 곳에 머물지 않고 항상 변한다. 죽음이란 형태를 달리하여 존재하는 또 다른 모습이라는 심오

한 철학을 인용하지 않더라도, 분명 죽음은 그렇게 두려워할 것은 아니다. 현재에 충실하고 지금 이 순간을 즐기라는 '까르페 디엠(Carpe diem)'을 실천하다 보면 죽음도 자연스럽게 받아들일 것 같다. 우리에게 남은 명제는 후회하지 않는 삶을 사는 일이다.

> 生也一片浮雲起　死也一片浮雲滅
> 浮雲自體本無實　生死去來亦如然
> 생이란 한 조각 뜬구름이 일어남이요 죽음이란 한 조각 뜬구름이 스러짐이라/ 뜬구름 자체가 본래 실체가 없는 것이니 나고 죽고 오고 감이 역시 그와 같다네

서산대사는 그의 임종시(臨終詩)에서 인생을 구름에 비유하면서, 살아가는 동안 남을 위해 베풀고 나누어 향기로운 추억을 남길 수 있게 살라고 한다.

김수환 추기경도 〈행복한 삶이란〉의 제하에서, "우리가 이 세상에 태어났을 때 우리만 울고 주위의 모든 사람은 미소를 지었지만, 우리가 이 세상을 떠날 때에는 우리 혼자 미소 짓고 주위의 모든 사람이 울도록 그런 인생을 살라."고 하였다. 그렇게 하기가 쉽지 않은 일이지만 항상 마음에 새겨 둘 만한 가르침이 아닌가.

호스피스 병동에 입원한 환자들의 생활을 그린 영화 ≪목숨≫을 보고 관객들이 댓글을 달았다. 죽음을 통해 살아 있다는 기적

을 보았다고, 죽음 앞에서 겸손을 배웠다고, 삶이란 얼마나 큰 축복인지 깨닫게 되었다고 했다. 그리고 소중한 이들에게 '미안해, 고마워, 사랑해'라고 말하고 싶다고 했다. 영화 포스터에는 "사는 게 좋은 걸 잊은 당신에게 우리의 마지막이 묻습니다. 후회 없이 살고 있나요?"라고 쓰여 있었다.

나는 요즘 잠자리에 들 때마다 세상과 이별 연습을 하고 있다. 오늘 하루 좋은 일이 있었든 슬픈 일이 있었든 지난 일은 과거로 돌리고 새로운 마음으로 내일을 맞이하고 싶다.

한참을 지나 보어가 드르륵 소리를 내며 내 몸을 싣고 통 밖으로 나왔다. "어디 불편한 데는 없으세요?" 내 곁에서 젊은 남자의 목소리가 아늑하게 들렸다. 아, 이제 죽는 연습이 끝났나 보다. 내가 무사히 살아 돌아온 것이다.

병동에서 검사를 마치고 나오는데 한쪽 벽에 걸린 패널이 나의 시선을 끌었다. 암 투병을 이겨내고 새로운 인생을 살아가는 사람들의 성공 스토리가 줄을 이었다. '가장 좋은 음식-희망을 드세요' '위암 멘토 봉사-나누는 삶' '마라톤-또 다른 도전' '독서-멋있게 살자' '댄스 강사-두 번째 인생'. 모두가 도전과 나눔의 가치를 실천하면서 희망이 넘치는 멋진 인생을 이야기하고 있었다.

어느 시인의 말처럼 오늘을 내 남은 생의 첫날로 여기며 살아갈 일이다.

수필, 사유의 지평을 열다
— 이정림의 《숨어 있는 나무》를 읽고

　이번 겨울에 그토록 하고 싶었던 수필 공부를 시작했다. '이정림의 수필교실'은 지루한 일상 중에 있던 내게 삶의 의미를 새롭게 발견하는 계기가 되었다. 이정림의 수필집 《숨어 있는 나무》는 이 수필교실에서 독후감 쓰기 과제물로 내준 책이다.

　이 책은 수필쓰기의 지침서이자 인생의 길라잡이 역할도 톡톡히 해 준다. 수필을 쓰면서 느낄 수 있는 행복이 어떤 것인지 알게 하고, 글을 쓰는 자세와 방법을 실전으로 보여 주고 있다.

　내가 수필 공부를 시작하게 된 동기는 어릴 때의 꿈이기도 하지만, 공직을 은퇴하면서 생긴 공허함을 달래기 위해서였다. 그런데 수필을 쓰다 보면 주변에서 만나는 사람이나 흔히 대하는 사건과 사물을 새로운 시각에서 바라볼 수 있고, 그들을 더욱 더 사랑하게 된다는 사실을 이 책을 읽으면서 깨달았다. 수필이 주는 새로운 세계를 경험할 수 있어 책을 읽는 내내 기쁨과 감동으로 무척 행복했다.

수필은 삶의 의미와 자신의 정체성을 찾아 주는 사유(思惟)의 문학이다. 그렇듯 저자는 자신만의 사유의 세계를 밀알 같은 글로 승화시켜 ≪숨어 있는 나무≫라는 바구니에 소담스럽게 담으면서 무한한 희열과 삶에 대한 열정을 느꼈을 게다. 때로는 사무치는 외로움과 참을 수 없는 그리움으로, 때로는 맑은 밤하늘의 별빛같은 지성을 가지고, 또 인생의 아름다움과 기쁨에 몸서리치면서 글을 써 내려갔을 것이다.

≪숨어 있는 나무≫는 책의 제목이기도 한 수필 〈숨어 있는 나무〉에서, 작가는 오대산 정상과 맹사성의 고택에서 뜻밖에 만난 거목들의 의연한 모습에서 느낀 충격과 감동을 전해 준다. 진정 참되고 위대한 사람이라면 숨어 있는 고목과 같이 보이지 않는 곳에서 자신의 고결함을 지켜 나갈 거라면서, 그는 욕심을 버리지 못해 세속적이면서 현실에 안주하려는 자신의 생활 태도로부터 벗어나고 싶은 애절함을 보여 준다.

나는 이 책 한 권을 다 읽고 나서 좋은 독후감을 쓸 거라는 의욕으로 여가만 있으면 언제든 이 책을 읽어 내려갔다. 우물가에서 두레박으로 물을 긷느라 목을 길게 내리는 시골 아낙네처럼 나는 세상을 송두리째 잊은 채 책 속에 깊이 잠겨 버렸다. 작품을 한 편 한 편 읽으면서 작가의 인생철학과 삶을 투명한 유리알처럼 들여다볼 수 있었다. 제자는 스승님 그림자도 밟지 못한다는 옛말이 있다지만, 어쩌면 선생님의 참모습을 이해하게 되어 그만큼 더 가까워질 수 있다는 생각이 들었다.

수필가 이정림 선생은 따뜻하고 재미있는 분이다. 그래서 그런지 교실은 자유롭고 편안하며, 수업 분위기는 언제나 화기(和氣)가 넘친다. 선생님을 뵙고 있노라면 초등학교 시절 담임선생님 생각이 난다. 그 당시 이십 대 중반의 나이였으니까 이정림 선생과 비슷한 연배일 거라는 짐작을 해 본다. 그 선생님은 우리들을 세심하게 보살펴 주시던 어머니와 같은 분이었다. 그 당시 상영된 영화 ≪벤허≫를 보고 나서 무척 자세하고 감동적으로 이야기를 해 주셔서 마치 우리도 영화를 보고 있다는 느낌이 들 정도였다. 지금은 어떤 모습으로 어디서 무엇을 하며 살고 계시는지 궁금해진다.

나도 좋은 글을 쓰고 싶다. 나 자신은 성취감을 느끼고 영혼을 살찌우는 글, 독자들에게는 산사에서 들려오는 북소리같이 공명(共鳴)을 울리고 연못에 나뭇잎이 떨어져 물결이 일듯 잔잔한 감동을 주는 그런 글을 쓰고 싶다.

그리고 더 욕심을 내본다면 나도 한 그루의 '숨어 있는 나무'가

되고 싶다. 남이 알아주지 않아도 나 자신에게 충실하면서 나름의 인격과 혜안으로 인생을 유유자적(悠悠自適)하는 그런 멋진 인생을 살고 싶다.

이제 새로운 감동을 기대하면서 선생님의 또 다른 수필집 ≪민들레 씨앗≫을 들고 거실로 나선다. 베란다 창문 밖에는 새 아침을 알리는 따사로운 햇살이 나의 수필에 대한 열정 속에 둥지를 틀고 살포시 내려앉는다.

그게 바로 사랑이야
― 공지영의 ≪높고 푸른 사다리≫를 읽고

얼마 전 친구에게서 공지영의 소설 ≪높고 푸른 사다리≫를 선물로 받았다. 가톨릭 신자는 아니지만 제목이 갖는 의미에 호기심을 느끼면서, 이 책이 나의 일상에 많은 것을 암시해 줄 것 같은 좋은 예감이 들었다.

과연 책 속에 보물이 숨어 있었다. 밤을 꼬박 새워 다 읽고 나니 가슴이 먹먹해졌다. 한 젊은 수사의 사랑과 방황, 아픔과 고통을 어찌 그리 잘 그려 냈을까. 저자의 작품 세계를 나의 느낌으로 재해석하는 자체가 일종의 모험이요 무모함일 거라는 생각이 들었지만, 나는 이 책이 주는 감동을 글로 써 두어야겠다는 생각에 잠을 이룰 수 없었다.

나는 첫 구절인 "누구나 살면서 잊지 못하는 시간들이 있다."부터 빠져 들었고, 마지막 구절인 "하늘에서 푸른 밧줄로 엮은 사다리가 쏟아져 내리는 것처럼 종소리는 울렸다."까지 모두가 좋았다. 그중에도 "우리는 사랑하는 법을 배우기 위해 이 지상에 머문다."는 구절은 저자가 독자에게 말하고 싶은 핵심인 듯싶다.

저자는 수도원의 정경과 그 안에서 살아가는 사람들의 삶과 애환을 묘사하면서, 장면마다 갖가지 사연과 생각과 느낌을 포개어 넣었다. 이 소설은 문장의 구성과 표현 방식이 시적인 데도 있지만 은유적이고 상징성이 있어, 내용에 허구인 부분만 빼면 소설과 수필이 같은 형식을 갖출 수도 있겠다는 생각이 들었다.

이 소설은 요한 신부가 예전 수사(修士) 시절에 목숨 바쳐 사랑했던 한 여인에 대한 기억으로 시작된다. 그 여인은 수도원에 잠시 머물던 학생 손님에 지나지 않았지만, 그녀와의 만남은 자신의 모든 것을 포기하게 만든 중요한 계기가 된다. 하느님만을 사랑하겠다고 맹세했던 요한 수사는 그 여인과 하느님 사이에서 갈등을 하게 되고, 마침내 그 여인을 선택하고자 수도원을 떠날 결심을 한다. 그때 그의 절친한 친구 수사들의 갑작스런 죽음을 맞아 하느님을 원망하던 중에, 수도원을 찾아온 아이를 밴 무연고의 여인을 만난 후 마음을 다잡아 수도원 생활로 돌아간다.

그 후 사랑하던 여인마저 그를 떠나고, 실연 속에 있던 요한 수사는 휴가를 얻어 고향 집으로 가서 할머니로부터 한국전쟁 때

겪은 슬픈 이야기를 듣는다. 거기서 할머니는 그에게, 흥남부두에서 미국 군함이 내려 준 사다리에 자신의 아이들을 올려 보내고 정작 자기는 포탄에 맞아 쓰러지신 할머니의 남편 이야기를 들려준다.

이 책의 제목인 '높고 푸른 사다리'가 주는 의미는 무엇인가. 그것은 소설에서 암시하듯이 전쟁 때 죽음을 눈앞에 둔 피난민들을 위한 '기쁜 빛'이요, 지옥의 구덩이에서 하늘로 오르는 '생명의 길'이요, 우리들의 고단한 삶 속에 하느님이 내려 주시는 '사랑의 밧줄'이다. 이 사다리를 통해 저자는 우리들에게 자신을 죽여서까지 세상을 사랑했던 예수처럼 서로 진심으로 사랑하라고 부르짖고 있다.

나는 이순이 넘어가는 나이에 내게 주어진 '사다리'를 아직도 오르락내리락하고 있다. 어떻게 사는 것이 바른 길인지 방향도 잡지 못하고 방황하고 있다. 하늘에서 내려 주는 사랑의 밧줄이 내게 어떠한 의미를 주는지에 대한 확신도 없다. 나는 그동안 나의 조그만 자존심을 지키기 위해 몸부림치면서도 삶의 진정한 가치가 무엇인지 깊이 고민하지도 않았다. 이러다 내가 죽으면 내 무덤의 묘비명에 무어라고 새겨질 것인가.

어떤 일에 대한 간절함이 있어야 깊은 깨달음이나 크고 작은 성취를 맛볼 수 있고 삶의 의미도 깊이 느낄 수 있다. 대강대강

해서는 아무것도 얻을 수 없다. 소설 속 주인공들의 생각과 태도에는 간절함이 배어 있었다. 이 책을 읽는 동안, 독서란 저자의 이야기 속에 감추어 둔 간절함을 찾아내는 것이라 여겨졌다.

　요한 수사가 이상과 현실 사이에서 방황하는 과정을 바라보며 나는 그것이 하느님의 사랑에 대한 간절함 때문일 거라는 생각이 들었다. 하지만 그가 하느님의 자녀로 산다는 것이, 보통 사람으로 세상 속에서 살아가지 않고 세상을 등진 채 수도자의 생활을 해야만 이룰 수 있는가에 대한 나의 의문은 쉽게 풀리지 않았다. 요한 수사가 그 여인에 대한 사랑을 택하기보다 하느님의 신부가 되는 것이 하느님의 관점에서 더 소중했기 때문일 거라는 생각밖에는….

　간절함의 끝은 저자가 말한대로 "더 열심히 쓰겠습니다. 더 깊이 절망하겠습니다. 더 높이 희망하기 위해서."였다. 나는 소설을 읽으며 나의 인생에서 진정 간절함이 있었던가, 앞으로 무엇에 대해 간절할 수 있을까 고민하기 시작했다. 기도하고 공부하고 글을 쓰고, 사람들과 인연을 맺는 모든 순간에 간절함이 있는 삶을 살고 싶어졌다.

　이 책 속에는 또 하나의 화두가 있다. "주님, 대체 왜요?"이다. 요한 수사와 그가 사랑하던 여인이, 그리고 그의 절친한 친구 수사들이 하나같이 부르짖는 질문이다. 이 질문은, 하느님은 힘들고 소외받은 사람들을 사랑하라고 하면서 수사들을 수도원의 규율 속에 매이게 하고, 규율을 어긴 사람들을 죽음으로 몰게 한 하느님의 뜻이 무엇인지 알고자 하는 저자의 절규이기도 하다. 소설 속에서 나는 그것이 하느님의 근본이 사랑이라는 이유에서일 거라는 해답을 찾아냈다. 세상의 일이라 해서 하느님이 어찌 무관심할 것이며 사람의 고통과 고뇌를 어찌 외면하시겠는가.

 이 소설을 읽으며 줄곧 풀리지 않는 것은 나의 삶 속에서 가장 중요한 것이 과연 사랑이었나 하는 것이었다. 또한 그 사랑은 어떤 사랑이어야 하는가에 대한 의문이었다. 사랑은 아파야, 이루어지지 않아야, 죽어야만 아름다운 사랑일까?

 그러면 진정한 사랑은 무엇일까. 그것은 과연 이 소설이 암시하는 하느님의 인간에 대한 무한한 사랑이요, 인간의 하느님에 대한 지극한 사랑일까. 요한 수사가 고백한 대로 시간이 지나도 마모되지 않는 영원한 사랑일까, 아니면 친구의 죽음을 바라보며 그가 느낀 운명에 대한 사랑 즉 니체의 아모르 파티(amor fati)와 같은 것일까.

 나는 이제 진정한 사랑을 찾아 길을 떠나련다. 내게도 높고 푸른 사다리가 '하늘에서 종소리를 타고' 내려와 내 마음에 평안을 줄 거라는 기대감으로. 방황의 끝자락에서 "그게 바로 사랑이야."라고 목메어 소리칠 수 있는 그날까지.

설중매

Chapter 2

시간이 멈춘 섬

가오리 떼의 비상(飛翔)

응급실 풍경

대마도 여정(旅情)

미국의 매

시간이 멈춘 섬

설중매(雪中梅)

물소리 바람소리

그들은 무슨 연유로 물가로 나오지 않고 그 자리에 머물러 있었을까. 시간이 멈추어 있기를 바라는 마음이 너무나 간절해서 일까, 아니면 추운 겨울이 싫어 따뜻한 봄이 올 때 깨어나고 싶어서 그랬을까. 청둥오리를 바라보던 나의 두 눈에 맺힌 눈물이 마른 나뭇잎처럼 떨리고 있었다. 연못가를 헤매던 차가운 공기 속에서 따스한 소금물 냄새가 났다.

가오리 떼의 비상(飛翔)

 몇 해 전 미국 버지니아에서 살던 시절, 친구와 함께 가까운 바다로 낚시를 갔다. 바닷가에 낚싯대를 여러 개 세워 두고 고기를 낚았다. 입질하는 고기들과 시간 싸움을 하다 보니 어느덧 바구니는 잡은 물고기로 가득 찼다.
 건너편에 있던 친구가 갑자기 낚싯대 한 곳으로 달려가면서 소리를 질렀다. "큰 것이 물렸다." 나도 덩달아 뛰었다. 초리 부분이 휘청거리며 낚시찌가 바다 속으로 깊이 잠겼다 오르기를 반복했다. 물린 것이 간혹 바다 수면 위를 펄쩍 뛰어 날아오르기도 하였다. 온몸이 연한 고동색을 띤 가오리였는데, 날개가 달린 몸통이 거의 일 미터는 됨직했다.

그 친구와 낚싯대를 번갈아 잡으며 바위 위를 이리 뛰고 저리 뛰었다. 가오리가 멀리 도망가면 낚싯줄을 풀어 주고, 가까이 오면 줄을 세게 감는 일을 수도 없이 이어 갔다. 거의 한 시간 남짓 지났을까. 주둥이에 낚시 바늘이 걸린 가오리가 모습을 드러내며 수면 위를 철벅거리다 기진하여 뭍으로 올려졌다. 마치 헤밍웨이의 ≪노인과 바다≫에서 어부 산티아고가 자신이 타고 있던 조각배보다 훨씬 큰 청새치를 잡는 장면이 연상되었다.

  미국 캘리포니아 반도에서 멀지 않은 바다에는 푸른 등을 한 수십 마리의 가오리들이 하늘을 날고 있다. 서로 닮은 모양새로 바다 밑에서 비스듬한 각도로 몸을 곧추세우고 번갈아가며 치솟는다. 마치 동계 올림픽의 스키점프 종목에 출전하려고 연습을 하는 듯하다.
  가오리는 바다 속에 있을 때는 꼬리를 흔들며 여유롭게 유영(遊泳)을 한다. 그러다 태양이 바다 속을 비추면 무리를 지어 태양을 향해 헤엄쳐 오르거나 햇빛 주위를 맴돌며 여유 있게 군무(群舞)를 펼쳐 보인다. 누가 보는 이도 없는데 그들은 나름의 품위를 유지하며 두 날개를 펼쳐 갈매기처럼 너울너울 춤을 춘다. 가오리들이 떼를 지어 다니는 동안 근처의 바다는 온통 검푸르게 채색된 채 잔잔한 물결이 일며 햇살을 받아 반짝거린다.

바다 표면에서 환한 햇빛 속을 맴돌던 가오리들은 태양을 맞으려는 열망으로 온몸을 던져 바다 밖으로 나간다. 몸에 비해 배가 크고 납작한 쟁반같이 생겼는데도 푸른 바다에 하얀 물거품을 일으며 힘차게 날아오른다. 긴 꼬리에 물을 머금고 포물선을 그리며 한참을 비상하다 바다 위로 철버덩 내려앉는다. 그런 가오리들의 멋진 비상을 흠모한 사람들은 강가나 바닷가에서 기다란 꼬리가 달린 가오리연을 띄우며 하늘을 나는 소망을 이루고 싶어 한다.

간혹 바다의 포식자라는 범고래가 나타나면 주변의 크고 작은 가오리들은 서로 격려하며 하늘을 날아 멀리 도망을 간다. 그 순간에도 그들만의 품위를 잃지 않고 바다를 도약대 삼아 힘차게 앞으로 나아간다. 머리는 먼 하늘을 향하고 두 날개는 몸통에 바짝 붙여 속도를 더한다.

가오리는 날기 위해 어릴 적부터 어미를 따라 연습을 거듭하며 수많은 실패와 좌절을 경험했을 것이다. 처음에는 두 날개를 활짝 펴기만 하면 한없이 날 수 있을 거라 기대했을지도 모른다. 그렇지만 멀리 날지 못하고 바로 앞으로 곤두박질쳐 부리를 다치거나 날개와 배에 생채기를 내기도 했으리라. 그럴 때는 어미의 정성 어린 치료를 받으며 하늘을 나는 꿈을 꾸다가 어느 날 문득 나 홀로 비상에 성공하는 환희를 맛보았을 것이다.

그들이 물을 차고 날아오르는 모습을 보노라면 나도 덩달아 공중을 나는 것 같은 착각에 빠진다. 무엇이 그들로 하여금 하늘을 날게 하는 걸까. 그들에게 무슨 연유가 있어 태양을 그토록 그리워하는 걸까. 생명이 다하는 동안 최고가 되어 더 넓은 세상으로 나아가려는 열망 때문이 아닐까.

  어릴 때 나는 하늘을 날아다니는 꿈을 꾸곤 했다. 처음에는 동네 앞산을 날다가 다음 날에는 어느 산골의 마을 위를 날고 있었다. 누군가의 힘에 의지하여 두 팔을 벌리고 창공을 한없이 날았다. 아래로 산이 겹겹이 보이고 저 멀리 강물도 내려다보였다. 내가 사는 동네를 보고 싶으면 그쪽으로 향하기도 하고 때로는 학교 운동장도 보았다.

  하늘을 날면서 더 멀리 가고 싶은 충동을 느끼다 보면 어느새 바다 위를 날 때도 있었다. 바다는 한없이 넓었고, 잔잔한 파도를 가로질러 머나먼 항해를 하는 고기 떼가 보이기도 했다. 평소에 원하는 것이 꿈에 나타난다고 했는데, 하늘을 나는 것이 어린 나의 간절한 소망이었나 보다.

  가오리들이 날고 싶은 것도 그때의 내 마음과 같으리라. 그들만의 소망을 가지고 어제보다 더 먼 바다로 오늘도 힘차게 날아가고 있을 것이다.

  나는 지금 가오리들과 함께 하늘을 나는 꿈을 꾼다.

응급실 풍경

 집에서 큰아이가 아프다는 연락에 급히 병원으로 달려갔다. 아이가 응급실 한쪽에서 휠체어에 구부리고 앉아있는 모습이 많이 괴로워 보인다. 응급실은 온통 전쟁터와 같이 모두가 분주하다.
 번쩍이는 불빛이 창가에 비치는가 싶더니 구급차 한 대가 응급실 문 앞에 멈춘다. 구급대원이 차 뒤쪽으로 뛰어가 문을 열고 간이침대를 펼쳐 환자를 누인다. 차에서 같이 내린 젊은 남자가 대원을 도와 환자를 안으로 급하게 데리고 들어온다. 구급차가 들어설 때마다 나도 따라서 긴장이 된다. 생사(生死)의 기로를 넘나드는 현장 속에서 환자나 보호자 모두 힘들어하는 모습이 애처롭다.

나는 응급실 한쪽 귀퉁이에 쪼그리고 앉아 방송에서 보호자 이름을 부르기를 기다린다. 이제 새벽이 가까워지고, 저녁나절에 병원으로 왔으니 시간이 꽤 많이 지났다. 나는 간혹 졸기도 하고 지나가는 사람들을 쳐다보면서 온갖 상념에 잠긴다.

내가 병원 응급실에 처음 가 본 것은 고등학생 시절 작은누님이 돌아가실 때였다. 학교 수업을 마치고 무심히 집에 들어서는데, 같이 지내던 누님이 나를 붙잡고 허우적거렸다. 깜짝 놀라 누님을 업고 가까운 병원을 찾아갔지만 거기서는 고칠 수 없어 큰 병원으로 가보란다. 병원을 전전하다가 결국 대학 병원으로 갔고, 거기서 응급실 당직의사가 황급히 처치를 시작했지만 너무 늦었다고 했다. 나는 침상에 눈을 감고 누워 있는 누님 앞에서 하염없이 눈물을 흘렸다.

오랜 세월이 지났지만 오늘처럼 병원 응급실에 오면 그때 마지막 순간을 보내신 누님 생각이 간절하다. 그 당시 내가 조금이라도 더 일찍 응급실로 모시고 갔더라면 누님을 그렇게 허무하게 보내지는 않았을 텐데….

응급실은 응급처치로 환자를 살려 다시 생활 터전으로 내보내는 역할을 하기도 하고, 치료가 늦은 환자에게는 처치를 해 보지만 결국에는 죽음에 이르러 생애 마지막 장소가 되기도 한다.

몇 해 전 아버지가 교통사고를 당하시던 날 나는 지방의 큰 병원 응급실로 달려간 적이 있다. 그날 아버지는 사고의 후유증으로 폐가 막혀 산소 호흡기에 의지하면서 하루 반나절 동안 고된 시간을 보내셨다. 그 곁을 지키면서 나는 생명에 대한 애착과 죽음을 이겨내는 아버지의 강인한 모습을 보았다. 그때는 응급실이 치료를 잘해서 아버지를 소생시킨 고마운 곳이었다.

문득 주변에 있는 사람들이 눈에 들어왔다. 바로 옆에 병원에 온 지 오래되어 지친 탓에 이불을 덮고 자는 사람들이 있다. 건너편에는 젊은 외국인 부부가 다정스럽게 서로를 위로하며 앉아 있다. 멀리 이국땅에서 외롭게 살면서 밤중에 갑자기 몸이 아파서 왔나 보다. 그 옆에는 노인 한 분이 링거 주사를 맞으며 휠체어에 앉아 고통을 호소하고 있다. 온 식구들이 애타는 마음으로 각자의 역할과 소임을 다하기 위해 동분서주한다. 비록 지금은 아파서 힘들겠지만 그 노인은 평생을 참 잘 살아왔다는 생각이 든다. 아내로 보이는 여인도 간호사실과 검사실로 제일 바쁘게 다닌다. 늙으면 부부밖에 없다는데, 기나긴 세월 동안 같이 살면서 서로에 대한 애틋한 정분을 많이 쌓았나 보다.

복도를 사이에 두고 긴 의자 쪽에 있는 환자들 중에 초등학생처럼 보이는 한 아이가 아버지의 무릎 위에 누워 있고, 아버지는 아이의 배를 어루만져 주고 있다. 내가 그만한 나이 때 심장에 심한 통증이 와서 밤중에 아버지 등에 업혀 병원으로 달려간 적이 있다. 그 당시 아버지의 등이 어찌 그리 따뜻하고 든든하게 느껴졌는지. 그날 치료를 받고 무사히 집으로 돌아온 후로 나는 아직까지 가슴이 아파 본 적이 없다. 지금 검사를 받고 건너편 의자에서 잠들어 있는 나의 아이도 아버지의 따뜻한 정을 느끼고 있을까.

　병원 응급실에 있는 사람들은 모두 환자가 살아서 무사히 집으로 돌아가는 애절한 바람으로 밤을 지새우고 있다. 그들에게 치료와 소생의 희망이 있기에 힘든 고비를 꿋꿋하게 견뎌내고 있는 것이리라. 누구나 언젠가는 떠나야 하는 게 인생이다. 아무런 미련이나 후회 없이 살다가 남아 있는 사람들이 이별의 슬픔으로 자신을 그리워하게 된다면 그것으로 족하지 않겠는가.

　간호사실에서 방송으로 나를 찾고 있다. 긴장된 마음으로 황급히 달려가니 아이가 급성 폐렴이라 응급 처치를 하자고 한다. 그래도 그만하기 다행이다. 어느덧 창가에는 아침 햇살이 기웃거리고, 이른 출근을 하는 사람들의 발걸음으로 희망찬 하루가 시작된다.

　이제 응급실 근처에 있는 동산에 올라 옷깃을 여미고 아침 해를 맞이해야겠다. 내가 어린 시절 병원 응급실에서 치료받을 때 아버지의 마음이 지금의 나와 같았을까.

대마도 여정(旅情)

 부산 여객 터미널에서 대마도로 가는 쾌속선을 탔다. 배를 타고 해외여행을 해 보기는 처음이었다. 햇빛에 반사되어 반짝이는 하얀 물결이 대마도로 가는 수평선 너머로 한없이 이어지고 있었다.
 내가 회원으로 있는 한 경영인 단체에서 대마도로 소풍을 간다고 했을 때 내심 기대에 부풀었다. 대마도는 나의 선조이신 학봉(鶴峯) 김성일 선생께서 1590년 조선 통신사로 일본을 방문하기 위해 머물렀던 유서 깊은 곳이다. 그래서 나는 평소에도 꼭 한번 다녀오고 싶어 했었다. 학봉은 덕행을 중시하는 도학자로서 많은 유학자와 독립유공자를 후손으로 두신 분이다. 이제 조상과의 인연을 찾아 나의 소중한 여정이 시작되고 있었다.

뱃길은 한 시간 남짓 걸린 아주 가까운 거리였다. 우리나라의 육지에서 영해 내에 있는 작은 섬으로 가는 착각이 들 정도였다. 그런 연유로 대마도는 삼한 시대부터 우리 조상들이 건너가 정착하기도 하고, 일본인들과 교역과 조공을 하던 장소로 활용된 것이리라. 그렇지만 조선의 통신사 일행은 끝없이 이어지는 바람과 파도를 이겨내며 수일은 족히 걸려 이 바다를 건넜을 것이다.

배 안의 안락한 의자에 몸을 기대어 어저께 부산에서 있었던 매형 동생과의 해후를 떠올렸다. 초등학교 시절 시집간 누님을 보러 부산에 와 있는 동안 나는 그를 자주 만났다. 그는 시골티가 나는 나를 부두와 자갈치시장으로 데리고 다니면서 빛바랜 어린 추억을 많이도 만들어 주신 분이다. 그가 부산역에 마중을 나와 있었다. 우리는 40여 년 만에 만났으면서도 서로를 한눈에 알아보고 반가운 마음에 한참을 부둥켜안았다. 대마도로 가는 길목인 부산에서 그는 인연의 소중함을 내게 깨우쳐 주고 있었다.

대마도는 원래 우리나라 땅이었다고 전해진다. ≪가락국기≫와 ≪대동연보≫의 역사적 고증에서 5세기 이전에 대마도는 가야의 영토였다고 밝히고 있다. 또한 ≪일본서기≫는 대마도를 '한향지도(韓鄕之島)'*로 기술하고 있으며, ≪팔도총도(八道總圖)≫*에도 조선의 영토로 표기되어 있다. 그런데도 19세기 후반 일본의 메이지 정부가 일방적으로 자국의 영토로 편입시켜 오늘에 이르렀다고 하니 이런 안타까운 일이 또 어디 있을까.

내가 탄 배는 대마도의 히타카츠항에 닻을 내렸다. 학봉 선조의 향취가 남아 나를 푸근하게 감싸 주는 듯했다. 대마도의 산과 나무는 우리와 닮았는데 항구 인근의 주거 지역과 경관에서 한국적인 모습은 찾아볼 수 없었다. 사찰 내에 불상이 있고 최익현과 박제상의 순국비, 덕혜옹주의 결혼 기념비 등 유적들이 일부 보존되고 있을 뿐이다.

항구에서 가까운 곳에 서산사라는 절이 있다. 당시 조선 통신사 일행의 객관(客館)으로 사용된 곳인데, 학봉 선생께서 그곳의 겐소(玄蘇) 스님*과 각별한 친분을 쌓으면서 시를 주고받은 것을 기념하여 경내에 학봉시비(鶴峯詩碑)가 세워져 있다. 최근에 이 절이 개인 소유가 된 후 주지가 한국인의 출입을 못하게 하여 아쉬움을 달래며 돌아섰다.

학봉은 대마도에 머무는 동안 일본국의 정세를 파악하고 도요토미 히데요시(豊臣秀吉)에 대한 예우 문제와 접견 시기를 판단하고 있었다. 나는 지금 한가로이 여행 중에 있지만, 그 당시 학봉은 전쟁의 징후를 보이고 있던 일본의 상황에 얼마나 노심초사했을까. 통신사 일행은 대마도를 떠나 교토에 도착한 후에도 수개월을 기다리다 국왕에 버금가는 의식으로 도요토미 히데요시를 접견한 후에야 부산으로 향했다고 한다.

나는 대마도 일대를 돌아보다가 섬의 최북단에 있는 한국전망대에 올랐다. 대마도 안에서도 한국을 가장 가까이에서 볼 수 있기에 이곳에 세운 것이라고 한다. 그날따라 불과 40여 킬로미터 떨어진 부산이 안개에 가려 아무것도 보이지 않았다. 마침 전망대 안에는 조선 통신사의 행로가 그림으로 소상하게 기록되어 있었다. 그들은 부산을 떠나 대마도에 머물다가 본토에 상륙한 후 오사카와 교토, 도쿄를 지나는 강행군을 하였다.

　나는 삼 일간의 일정을 마치고 나서, 학봉 선조께서 통신사의 사명을 다하고 임금에게 장계를 올린 부산으로 돌아왔다. 거의 400여 년의 역사를 한 바퀴 돌아 제자리에 서 보니 눈부시게 발전한 우리의 모습에 가슴이 뿌듯하다. 나의 조상이 험난한 일정 속에 국사(國事)를 감당하고 돌아왔는데, 나는 이제까지 조국을 위해 그리고 조상의 얼을 빛나게 하기 위해 무엇을 하였는가. 학봉이 있어 혈육의 인연으로 지금의 내가 있는데 그분의 발자취만 찾아 나서면 그뿐인가.

　한참을 고심하다가 빈 마음으로 부산역을 향했다. 돌아가는 발걸음이 사뭇 무거웠지만, 그래도 나의 소중한 인연과 그 흔적들을 만날 수 있어 대마도 여정이 보람 있게 느껴졌다.

* 한향지도(韓鄕之島): 한국인의 섬, 또는 한국 사람들이 고대로부터 사는 섬.
* 팔도총도(八道總圖): 임진왜란 때 도요토미 히데요시의 부하가 작성한 지도.
* 겐소 스님: 선위사(宣慰使)로서 대마도에서 조선 통신사 일행을 영접하였으며, 조선 외교 실무를 맡아 일본과의 화평을 위해 노력함.

미국의 911

집 앞 길에 구급차 한 대가 사이렌 소리를 내고 있다. 급한 환자를 근처 큰 병원의 응급실로 데려가나 보다. 길에 차들이 빽빽이 들어차 있어 구급차가 경적을 연이어 울려보지만 앞 차들은 좀처럼 비켜 주지 않는다. 이 광경을 지켜보고 있는데 문득 미국의 911 구조대에 얽힌 사연이 기억 속에서 되살아난다.

알카에다라는 단체가 2001년 9월 11일 비행기 폭파 테러를 일으키면서 미국 전역을 공포로 몰아가던 때에, 나는 직장 일로 워싱턴에 파견 근무 중이었다. 언론과 방송은 인명 피해와 주모자 색출 상황에 대해 매일같이 보도를 하고 있었고, 대인 살상 무기인 탄저균 분말이 우편물을 통해 무작위로 배포되어 무고한 사람들이 희생되는 2차 테러 사건이 수시로 일어나고 있었다.

내게도 그런 일이 닥치지 않을까 조심하고 있는데 집에 있던 아내에게서 급한 전화가 왔다. 하얀 봉투에 든 우편물이 비닐에 쌓여 집으로 배달되었는데, 집어 드니 사각거리는 소리가 나서 탄저균 분말이 들어 있는 것 같다고 하였다. 나는 "건드리지 말고 가만히 둬!" 하고 소리를 지르며 사무실 가까이에 있는 집으로 달려갔다. 응급 구조대인 911에 신고를 하니 담당자가 집 주소와 우편물의 위치, 발신인 명의, 흔들었을 때 나던 소리, 테러 대상이 될 가능성에 대해 자세히 물어보았다. 그렇게 통화를 하고 있는데 문밖에는 이미 구조대 차량과 경찰 순찰차가 도착하고 있었다. 신고한 지 십 분도 되지 않아 도심을 통과해서 현장에 출동한 것이다.

나와 아내는 잔뜩 긴장된 상태에서 구조대원들을 황급히 맞이하였다. 그들은 비닐장갑을 끼고 능숙한 솜씨로 봉투의 내용물을 확인하면서도 놀란 아내를 진정시키려고 각별히 신경을 써 주었다. 다행히 개인 사업체에서 보낸 일반 우편물인 게 확인되자, 나는 언뜻 그들에게 미안한 생각이 들었다. 그런데 다음 날 아침 출근 전에 구조대 직원으로부터 전화가 왔다. 그는 우리 가족의 안부를 묻고 아내의 건강 상태를 세밀히 확인하는 게 아닌가. 나는 그때 미국이라는 사회가 우리와 같은 외국인을 대하는 세심한 배려에 큰 감동을 받았다. 그들은 신고자의 무리한 출동 요청에 불평은커녕 주민의 안전을 먼저 염려해 주고 있었다.

하루는 저녁 무렵 식료품 가게에 들렀다가 집으로 돌아가던 길이었다. 공원길같이 고즈넉한 도로를 승용차로 달리고 있는데, 앞서 가던 차들이 급정거를 하거나 차선을 바꾸면서 도로는 순식간에 아수라장이 되었다. 나도 속도를 줄이며 무슨 일인지 몰라 의아스러워하는 사이에 어떤 젊은 남자가 내 차에 갑자기 뛰어들면서 그 자리에 쓰러졌다. 나는 깜짝 놀라 차에서 내려 환자를 살피고 있는데, 구급차와 경찰 순찰차가 현장에 도착하였다. 지나가던 다른 차에서 신고를 했나 보다.

사고 현장을 지나던 차량의 운전자들은 갓길에 차를 세워 두고 상황이 끝날 때까지 구조대를 도와주었다. 목격자들은 자기들이 먼저 나서서 성실히 경찰조사를 받았고, 구급대원들이 환자를 이동식 침대에 눕히고 응급조치를 하는 동안 나머지 사람들도 곁에서 조용히 지켜보고 있었다.

한참 뒤 경찰과 구급대원이 내게 자신들의 신분을 밝히면서 가족 중에 충격을 받아 놀란 사람은 없는지 확인을 하고 나서, 피해자는 정신 요양원에서 탈출한 환자인데 병원에서 치료를 받은 후 다시 요양원으로 이송될 거라고 친절히 설명해 주었다. 그리고는 모든 일은 자기들이 알아서 처리할 테니 걱정하지 말고 조심히 귀가하라고 했다. 우리는 피해자가 치료를 잘 받아 회복되기를 간절히 바라면서 집으로 돌아왔다.

그런데 다음 날 아침 나는 가족의 안부를 물어보는 구조대의 전화를 받았다. 지난번 신고 때 보여 준 친절한 태도에 감사하던 차에 그들의 일관된 행동에 나는 진심으로 고마웠다. 교통사고의 가해자로서 내가 직접 경찰서에 가서 조사를 받고 피해자의 상태를 살펴봐야 할 것 같았는데, 그 당시 미국 경찰은 사고 발생의 정황을 참작해서 자신들이 모든 것을 대신해 주었던 것이다.

미국의 도로 위에서는 안전을 최우선으로 여긴다. 구급차가 출동 중에는 양 방향의 차선에 있는 모든 차량이 제자리에 멈추고 구급차가 지나갈 때까지 기다려 준다. 불평하거나 질서를 어기는 사람은 아무도 없다. 학교 통학 버스가 정차할 때도 마찬가지다.

그런데 우리의 경우는 어떤가. 구급차가 다가와도 차를 비켜 주는 여유와 아량이 부족하고, 내가 먼저 양보하면 손해를 본다는 생각을 가진 사람들이 아직도 많이 있다. 우리의 국민소득이 3만 불이면 무슨 소용이 있는가. 미국의 사례에서 엿볼 수 있듯이 '누리는 자의 배려'가 아니라 '더불어 살아가는' 시민정신이 아쉽다. 기초 질서를 엄격히 지키면서 사회적 약자를 보호하고, 시민들의 안전에 종사하는 공직자를 신뢰하고 존경해 주는 사회 분위기가 우리에게도 절실한 때이다.

아직도 구급차가 고갯길을 넘지 못하고 도로에는 사이렌 소리만 요란하다.

시간이 멈춘 섬

　푸른 섬 어청도와 신선이 놀다 갔다는 선유도는 고군산군도 안에 있다. EBS가 제작하는 현장 다큐멘터리 〈한국기행〉이 눈 덮인 겨울의 군산을 찾았다.

　모두 5부작으로, 부제를 '시간의 맛을 아세요' '겨울 푸른 섬 어청도' '저는 겨울 섬에 있어요'로 하고, 제작팀은 군산 옥도의 관여산 마을과 군산 앞바다를 바라보는 군도(群島)를 다녀왔다.

　여기는 시간이 멈추어 모두가 정지되어 있는 곳이다. 지나가던 사람도 철새도 바람도 잠시 쉬었다 간다. 눈이 쌓인 산과 들과 해변은 태곳적부터 내려온 풍경이 고스란히 보존된 듯하다. 새털구름 한 무리가 동네 위를 지나가다 소리도 내지 못하고 가만히 있다. 길을 걸으면 몸과 마음이 정화될 수 있어 걸음의 속도를 늦추어도 좋다고, 멈춘 듯해도 가까이 가면 겹겹이 쌓인 세월이 보인다고 내레이터가 말했다.

햇볕에 그을린 중년의 어부는 작은 어선을 타고 고기를 잡으러 파도가 넘실대는 바다로 나간다. 낚시를 드리운 지 얼마 되지 않아 송어와 우럭, 박대를 잡아 한가득 싣고 뭍으로 올라온다. 그는 방송 기자에게 바다에서 잡은 박대는 냉동실에 얼려서 회로 먹기도 하지만 튀기거나 쪄서 먹어도 좋다고 했다.

바다가 보이는 관여산 마을 앞 조그만 밭에는 추수가 끝난 '흰찰쌀' 보리가 연녹색을 띠고 하얀 햇살을 향해 손을 흔들고 있다. 바다색을 닮으려다 추위를 못 이기고 총총걸음으로 돌아왔는데, 지난밤 깜빡 졸고 있는 사이에 눈이 하얗게 덮어 버렸다. 농부는 눈이 오면 눈이 이불이 되어 보리가 겨울을 따뜻하게 보낼 수 있을 거라고 했지만, 나는 그 말이 보리를 위로하기 위한 소리로 들렸다.

내항 건너편의 갯벌 위로 갈매기가 날아간다. 예전에 바닷물이 들어왔을 때 물고기를 잡아먹던 기억을 따라 잠시 산책을 나왔나 보다. 육지에서 군도로 가는 뱃길에는 크고 작은 섬들이 바다 위로 하얀 가슴을 내밀고 있다.

배가 처음 도착한 어청도에는 머리가 큰 낙지와 굴이 추위를 피해 갯벌 속에 몸을 숨겼다. 눈이 덮인 둑을 따라 목이 긴 갈대숲이 깊고 길게 달리고 있는데, 지금은 바람이 잦아들어 가냘픈 숨소리만 내고 있다. 선유도의 산을 오른 등산객은 눈꽃 사이로 바라본 섬들이 동화의 나라 같다고 어린아이처럼 소리를 질러댔다. 해가 수평선으로 넘어가다가 길게 늘어선 구름에 걸려 있다. 오늘 저녁에는 붉게 탄 노을 속에 오래 머물려는가 보다.

불현듯 군산에 가보고 싶다는 생각이 들었다. 겨울 풍경 속의 하얀 적막감이 피곤한 몸과 허허로운 영혼을 위로하며 자못 나를 평안하게 해줄 것 같았다.

나는 간혹 취미나 뜻이 맞는 몇몇 사람들과 인생 여정(旅情)을 한 조각씩 함께 나누고 싶을 때가 있다. 외딴 곳으로 같이 여행을 떠나거나, 뜰이 내려다보이는 카페에서 봄 쑥 향기 그윽한 차 한 잔 하면서 좋아하는 시를 읊조리고 싶다. 살면서 느낀 사소한 감정들을 이메일로 서로 나누어도 좋고, 어느 한적한 시골의 풍경 사진을 주고받으면 더욱 좋을 것이다. 그러다 보면 지나가던 시간이 잠시 멈추어 내게 쉬었다 가라고 할 수도 있지 않겠는가.

이럴 때는 한 폭의 수묵화를 떠올려 보는 게 어떨까 한다. 여행을 하다가 좋아하는 풍경을 만나 화폭에 그 장면을 옮겨 담고 있노라면, 그 순간의 시간과 공간은 그림 속에 멈추어 있게 될 것이다. 그런 산수화에는 은은한 안개 향이 배어 있을 것 같다.

군산 앞바다를 바라보다 문득 지난해 겨울 내가 즐겨 찾던 춘천 공지천의 모습이 떠올랐다. 거기는 강물이 얼어 작은 오리 배들이 강기슭에 줄을 지어 서 있었고, 강 위를 날아가던 철새도 벚나무 가지에 둥지를 튼 지 오래되었다. 윈드서핑을 하는 보트가 지나던 물살은 간 곳이 없고, 바람에 흔들리던 물결도 얼음 속에 숨었다. 살을 에는 추위에 지나가던 시간도 얼어붙은 듯했다. 공지천을 건너던 바람 속에는 청정한 얼음 향기가 났다.

영하의 추위가 계속되니 서울 근교의 기와집 마당의 작은 연못이 꽁꽁 얼었다. 얼마 전에 내린 눈이 차가운 얼음 위에 태극 문양으로 하얗게 수를 놓았다. 그런데 연못 가장자리에 청둥오리 두 마리가 꼼짝을 하지 않고 발을 담그고 있는 것이 아닌가. 마치 살아 있는 것 같았다.

아! 그들은 무슨 연유로 물가로 나오지 않고 그 자리에 머물러 있었을까. 시간이 멈추어 있기를 바라는 마음이 너무나 간절해서일까, 아니면 추운 겨울이 싫어 따뜻한 봄이 올 때 깨어나고 싶어서 그랬을까. 청둥오리를 바라보던 나의 두 눈에 맺힌 눈물이 마른 나뭇잎처럼 떨리고 있었다. 연못가를 헤매던 차가운 공기 속에서 따스한 소금물 냄새가 났다.

시간이 멈춘 군산 앞바다에는 어떤 향기가 날까. 마음은 벌써 겨울 속의 군산을 찾아 길을 떠나고 있었다.

설중매(雪中梅)

　몸서리쳐질 정도로 아름다운 설중매를 보았다. 비록 사진이지만 나를 매혹시키기에 충분했다. 겨울에만 피는 매화, 하얀 눈 사이로 수줍은 듯 홍조 띤 얼굴을 살포시 내민 모습은 갓 시집 온 새색시를 연상케 한다.

　아내가 신행오던 날 입었던 분홍색 옷에도 붉은 매화 수(繡)가 놓여 있었다. 집 앞마당에서 산책을 하는 아내에게서 한 마리의 원앙새를 보는 듯했다. 마침 지나가던 동네 친구가 물었다. "마당에 계신 분이 부인인가?" 그렇다고 화답을 하면서도 나는 아내의 치맛자락에 새겨진 매화의 매력에 푹 빠져 있었던 것 같다.

　며칠 전 불현듯 그 친구에게 설중매를 보고 싶다고 했더니 자기

집 뜰에 핀 매화를 사진에 한가득 담아 보내왔다. 그러면서 그 꽃이 너무나 예뻐서 가슴이 시리고 아파 잠을 이룰 수 없다고 했다. 나는 무엇이든 사랑에 빠지면 가슴앓이를 하게 된다고 그를 위로해 주었다. 그랬더니 너무 아픈 사랑은 사랑이 아닌 것처럼 사무치게 예쁜 설중매는 꽃이 아닐 거라고 그 친구는 전화기 너머로 애써 변명을 하고 있었다.

그는 겨울 내내 동백나무를 자기 집 베란다에 두고 보살펴 동백꽃이 활짝 피었다고 내게 밤낮없이 자랑하더니, 이젠 동백을 제치고 설중매에 빠져 버렸다. 그러면서도 태연하게 "우리 집 동백이 주인의 변심에 운다."고 내게 말했다. 그날 나는 동백꽃이 질 때 하루아침에 몽우리째로 툭 떨어지는 건 설중매에 빠진 주인에 대한 배신감으로 맥이 빠져 그럴 거라는 생각이 들었다.

차디찬 눈 속을 헤치고/ 고개 내민 설중매/ 너는 누가 그리워/ 이 추운 겨울에 임 마중 나왔느냐/ 모든 꽃은 내년을 기약하고/ 우리 곁을 가버렸는데/ 어찌하여 엄동설한에/ 꽃을 피우는 고통을 겪고 있느냐/ (중략)

—작자 미상, 〈설중매〉에서

설중매는 기나긴 겨울을 기다리다 봄이 온 줄 알고 세상에 나왔는데 뜻밖에 눈이 소복이 쌓인 것을 보고 깜짝 놀라지나 않았을까. 나도 시인의 마음으로 눈 속에 핀 설중매를 맞으러 떠나고 싶어졌다.

　제천의 의림지를 찾았다. 그곳은 청정 지역이라 매화가 맑은 물을 마시며 고운 자태를 보일 거라는 기대감 때문이었다. 연못가로 나 있는 한적한 길모퉁이에서 우연히 두어 개의 분홍색 몽우리를 발견했다. 매화는 천 년을 이어 온 정기를 품은 채 자신의 모습을 꿋꿋이 지키고 있었다. 그런데 눈이 녹은 물방울이 얼음이 되어 꽃잎에 송알송알 맺혀 있는 것이 아닌가. 봄이 올 때까지 자신의 아름다움을 그대로 간직하고 싶은 매화의 마음을 나는 알 듯했다.

　설중매는 갖가지 색을 띠면서 색깔마다 애틋한 사연을 가진 듯하다. 하얀색 매화는 별 모양의 벚꽃을 닮아 눈과 같이 순결한 마음을 내보이고, 노란색은 샘이 많아 개나리보다 먼저 세상에 나오려는 욕심이 있는 듯하다. 분홍빛은 고귀한 여왕의 자태를 연출하고 싶어하고, 붉은 매화는 핏빛같이 영롱하여 눈이 부실 지경이다.

　눈 속의 매화는 신비하면서도 애처롭다. 여린 가지에 매달려 하얀 눈을 머리에 한가득 이고서 고운 볼에도 듬성듬성 하얀 분칠을 했다. 어떤 꽃송이는 아예 눈 속에 파묻혀 보이지도 않고, 눈안개 속에서 피어오른 꽃잎은 어느 수채화에서 본 연꽃 같다. 무엇이 그리 궁금하여, 아니 무슨 말을 그리 하고 싶어 추위를 이겨 내며 눈을 헤집고 세상 밖으로 나왔는가. 따뜻한 봄이 올 때까지 그냥 꽃망울만 맺은 채 잠시라도 쉬고 있으면 안 되는 것인가.

긴 겨울의 여운이 가시기도 전에 입춘이 왔다. 성급한 봄기운은 벌써 산기슭이나 집 뜰에서 서성인다. 겨울이 지나 눈이 녹고 꽃망울에 달린 물방울도 녹아내리면 설중매는 꽃잎을 하나 둘 바람에 날리며 시들어 버릴 것 같다. 야속한 봄은 설중매가 지나간 자리에 산수유 수선화 진달래 개나리꽃을 차례로 피우며 산과 들을 새롭게 장식할 것이다. 설중매가 질까 봐 벌써부터 애간장이 탄다. 차라리 눈이 꽃잎과 함께 얼어붙어 있다면, 그래서 냉동이나 화석으로 보관할 수만 있다면 그 아름다운 모습을 오랫동안 볼 수 있을 텐데.

햇빛에 반사된 설중매를 보고 있노라면 예쁘고 아름답던 시절이 순식간에 지나가 버린 내 아내의 젊은 날이 연상된다. 아내는 그때가 그리운가 요즘도 분홍색 옷을 즐겨 입는다. 지나온 세월을 아쉬워하는 아내가 볼 수 없게 봄이 오기 전에 설중매를 눈 속에 깊이 감추어 둘 터이다.

이제는 남쪽에 눈이 내린다는 예보만 있으면 주저하지 않고 길을 떠나련다. 어디서 눈에 덮인 설중매를 보았다는 소식이 오면 언제든 달려갈 것이다.

물소리 바람소리

 오늘도 산에 올랐다. 울창한 수목이 깊은 골짜기 아래로 한없이 이어져 있다. 계곡에서 흐르는 물소리가 바람을 타고 재잘거리며 올라오다 운 좋게 종달새가 울기라도 하면 그 소리에 실려 하늘로 날아간다. 온 산이 클래식 음악을 연주하는 듯하다.
 길섶에서 자라는 고사리 새순은 불어오는 바람소리에 맞추어 한들거린다. 다람쥐도 먹을 것을 찾아다니다가 바위틈에 잠시 앉아 주변의 소리에 귀를 쫑긋하는 모습이 제법 한가롭다.
 비가 내린다. 산에 내리는 비는 나무뿌리에 스며들고 깊은 땅속에서 지하수가 되어 흐른다. 밤나무 가지와 솔잎에도 송알송알 맺혀 있다가 자기 무게를 못 견디고 떨어진다. 땅으로 모이는 물은 어느새 굵은 물줄기를 이루어 계곡에 있는 모든 것을 씻어 내린다. 바람도 처음에는 여린 미풍인가 싶다가 갑자기 회오리바람이 되어 허공에서 맴돈다. 바위 뒤에 숨어 있다가 산길을 따라 슬그머니 내려오기도 한다. 바람은 제각기 다른 모습을 하고 온 산을 훑고 지나간다.

개울가에 앉아 있노라면 물소리에 온갖 시름이 씻겨 내려가는 듯하다. 봄비가 오는 날이면 어린 나무와 화초들의 청초함이 냇물을 따라 졸졸졸 흐르고, 여름에 장마라도 지면 메말랐던 개울이 요란한 물소리를 내며 아래로 줄달음친다. 겨울 산에는 쌓인 눈이 물이 되어 흐르며 얼음 밑으로 봄이 오는 희망의 소리를 흘려보낸다.

맑은 물이 흐르는 냇가에 올챙이들이 헤엄치며 잔잔한 파문을 일으키면 물결 소리가 나고, 약수터에는 등산객의 땀을 식혀주는 시원한 소리가 무척 정겹다. 바위 틈새로 흘러내리는 계곡 물은 하얀 물거품 소리를 내고, 다른 물줄기와 부딪혀 철석거리는 푸른 소리를 내기도 한다. 평평한 큰 바위 위로는 미끄러지듯 소리 없이 흘러가다가 자갈이 있는 곳에서는 철없는 아이들이 조잘거리는 소리를 낸다.

계곡 물이 흐르는 모습에서 남들과 어우러져 함께 살아가는 우리네 인생을 보는 것 같다. 생활의 형편이 좋으면 좋은 대로, 세상의 일에 부딪히고 얽히면 또 그런대로 받아들이며 사는 것이 현명한 삶의 태도일 것이다.

잠시 시냇물에 발을 담그고 바위에 걸터앉아 있으려니 한 줄기 바람이 내 곁을 스치고 지나간다. 그 바람은 물소리를 머금은 채 계곡을 따라 내려온 것임에 분명하다.

산에서 맞는 바람소리는 정겹기도 하지만 때로는 야속하게 느껴지기도 한다. 봄에 부는 산들바람은 산벚나무 잎사귀를 흔들며 사각거리는 소리를 내고, 한여름에는 무더운 햇살 사이로 시원한 휘파람 소리를 낸다. 간밤에 소나무를 넘어뜨리고 밤나무 가지를 꺾은 태풍에는 무서운 소리가 나고, 겨울에 부는 바람소리는 산속을 온통 긴장시키고 까만 정적으로 몰아간다. 넓은 바위 위를 지나는 바람은 부드러운 솜이불 덮는 소리를 내고, 산기슭을 지나는 바람은 산골 마을에 사는 농민들의 정겨운 소리를 담고 있다.

세상살이도 이와 같지 않은가. 이웃과 사이좋게 지내는 사람들에게는 향기로운 소리가 나고, 서로 미워하고 원망하며 사는 사람들에게는 차가운 소리가 난다. 그런데 우리에게 닥치는 바람 중에 내가 원하는 바람만 있으면 좋겠다고 고를 수는 없는 것이다. 어떤 바람이든 불어오는 대로 순응하며 대처하는 수밖에…. 하지만 평화롭고 걱정이 없어 아무런 소리가 나지 않는 인생보다 비록 짓궂은 바람이 삶을 고단하게 하더라도 슬기롭게 이겨내면 그것

또한 살맛나는 인생이 아닌가.

  바람소리는 공허한 바람 속에 담겨 있을 뿐이고, 물소리는 흘러가는 물줄기를 따라 언젠가는 허공으로 사라진다. 법정스님은 "물소리 바람소리는 세월이 흘러가는 소리이고, 우리가 살 만큼 살다가 갈 곳이 어디인가를 깨우쳐 준다."고 했다. 세상에 영원한 것은 아무것도 없고 모든 것은 지나간다. 다만 살아가는 순간 속에 따스함이나 냉혹함이 잠시 묻어 있을 뿐이다. 언제나 최선을 다하면서 탐욕과 회한의 속박에서 벗어나면 그나마 진정한 행복을 찾을 수 있지 않을까.

  계곡에서 올라와 산길을 따라 가니 개울물 소리가 더욱 경쾌하다. 문득 나무와 풀과 꽃들이 모두 나와 한 몸이라는 생각이 든다. 온갖 영양소를 품은 토양에 뿌리를 내린 채 나의 육신과 영혼이 나무와 함께 자라고 있는 느낌이다.

  나는 물소리 바람소리와 함께 산에서 더욱 성숙해진다.

청룡포의 솔향기

Chapter
3

펜션열차를 타고

산수화 속으로

고향 집 마당

청량주의 출항기

팬션열차를 타고

흔적

첫눈 내리는 날

병실에서

매력에 빠지다

여행객들을 태우고 열차를 운행하던 기관사들의 분주한 손놀림과 거친 숨소리가 남아 있었다. 눈이 오나 비가 오나, 추울 때나 더울 때나 그들은 평생을 오직 앞만 보고 달렸을 것이다. 기관사들은 수많은 승객들을 맞이하고 내려 주면서 무슨 생각을 하였을까. 고향에 두고 온 가족들의 평안과 행복만을 바라고 있었을까. 세월을 달리던 기관사들의 젊은 열정을 느끼는 순간, 흐르는 강물처럼 내 가슴도 물결치고 있었다.

산수화 속으로

비가 그친 어느 날 늦은 저녁, 집 근처에 있는 공원에 갔다. 안개가 짙게 깔려 있는 풍경이 어느 화랑에서 본 수채화 같았다. 어스름한 강가에 나지막한 산이 드리워져 있고, 뱃사공이 노를 저으며 강을 건너는 그림이었다.

"엄마, 달님은 어디 있어?"

지나가는 아이가 제 엄마에게 물었다.

"응, 저기 구름 너머에 숨었어."

아이는 달을 볼 수 없어 서운한 듯했다.

나도 무심결에 하늘을 올려다보았다. 하늘이 완연한 잿빛이다. 하늘에도 안개가 낀 것인가. 주위의 안개와 같은 색을 띠고 있다.

구름인지 안개인지 분간이 가지 않는다. 온 세상이 뿌연 유리창 너머로 바라보는 것처럼 흐릿하다.

내 앞으로 무채색의 산수화가 한없이 펼쳐져 있다. 나는 호숫가로 난 길을 따라 그림 속으로 여행을 떠나 본다. 가로등 아래에 비친 또 하나의 가로등이 호수에 거꾸로 잠겨 있다. 멀리서 꽥꽥거리는 소리가 정적을 가른다. 호숫가 어딘가에 오리 떼가 있나 보다.

걸음을 옮길 때마다 그림의 장면이 바뀐다. 아까 본 가로등이 내 옆을 지나가고, 다른 가로등이 호숫가로 줄을 지어 밤길을 밝히고 있다. 혼자서 혹은 짝을 지은 사람들이 제각기 다른 모습을 하고 내 앞으로 다가온다. 그들은 굽이진 길 안쪽에 그려진 산수화 속을 나오면서 지금 내가 지나온 그림 속으로 다시 들어간다.

서로를 꼭 껴안은 연인들이 아무런 말없이 스쳐가고 그 뒤로 친구나 자매로 보이는 여자들이 다정스레 손을 잡고 지나간다. 아까 건너편에서 소리가 들리던 오리들이 뭍에 올라앉아 물장구를 치며 놀고 있다. 잠자리에 들기 전에 가족과 산책을 즐기고 있나 보다. 그 옆으로 벚나무 가지가 빗물에 촉촉이 젖은 채 산수화에 한 획을 그었다.

전등 세 개가 달린 가로등 아래에 낙엽이 수북이 쌓여 있다. 붉은색 노란색 주황색이 한데 섞여 서로 다른 색감을 띠고 불빛에 반사되어 반짝인다. 바람이 불어도 날리지 않으려고 서로 어깨를 감싸거나 몸을 비비며 다가오는 겨울 추위에 대비하는 모습이다. 갈대밭을 가득 메운 마른 갈대들은 남실바람에도 긴 목을 살랑거린다. 뿌리 근처에 고기들의 서식지를 내어 주려고 줄기를 무성하게 가꾸어 잔물결에도 좀처럼 흔들리지 않는다. 우거진 소나무 숲 너머에는 교회 십자가가 이쪽을 내려다보며 공원에 있는 모든 것을 사랑으로 보살피는 모습이다.

 호수 끝자락에 놓인 벤치에 한 여인이 홀로 앉아 방송에서 흘러나오는 가요에 빠져들고 있다. 그녀는 숲·산·호수·안개가 그려낸 풍경에 마음을 실은 채 인생을 달관하고 싶은 듯하다.

 사랑하는 마음도 미워하는 마음도/ 만나고 헤어짐도/
 우리네 인생은/ 떠도는 너처럼 덧없이 흘러간다/
 바람아 구름아 바람아 구름아

 공원은 사람과 자연이 어우러져 파노라마와 같은 산수화로 가득하였고, 모두들 그 속에서 행복해 보였다.
 산수화 밖으로 나왔다. 완전히 다른 세상이다. 자동차 물결이 불빛과 소음에 섞여 혼란스럽다. 지나가는 사람들도 산수화 안에 있던 사람들과 사뭇 다르다. 무표정에 걸음걸이도 바쁘다. 도심의 혼돈 속에서 나도 그들과 닮아 가는 것 같았다.

며칠 뒤에 공원을 다시 찾았다. 달빛이 은은하게 길을 비추고, 산과 하늘의 경계도 뚜렷하다. 공원은 또 다른 분위기의 산수화를 그려내고 있었다.

산수화를 즐겨 그리시던 아버지 생각이 났다. 선친은 공직에서 은퇴하고 사군자(四君子)로 시작해서 나중에는 산수화에 관심을 가지셨다. 옛집 마당에 있던 오동나무가 그리워 호를 '오하(梧下)'라 했다. 산수화에는 주로 바위와 소나무가 계곡과 어우러진 풍경을 담았는데, 지금 내가 서 있는 공원이 그것과 많이 닮았다. 아버지는 자연을 벗 삼아 살고 싶은 심정을 그림으로 나타내신 것이다.

추사 김정희 선생은 제주도 유배 중에, 추운 겨울에도 푸른 생명력을 잃지 않는 선비의 지조를 기리는 〈세한도(歲寒圖)〉를 그렸다.

　歲寒然後知松柏之後凋
　　날씨가 추워진 후에야 소나무와 잣나무가 시들지 않음을 안다

문득 산수화를 그리고 싶어졌다. 호숫가에 조그만 집이 있고 주변으로 소나무와 매화나무가 우거진 그림을 그리면서, 추사와

같이 험난한 인생길에도 맑고 깨어 있는 지성과 여유를 가지고 살아가고 싶다.

  오늘도 호수공원의 산수화 속에서 나는 무한한 자유와 평안을 느낀다.

고향 집 마당

　오랜만에 고향 집을 찾았다. 담장 너머로 안쪽을 가만히 들여다보았다. 이층 양옥집의 앞마당 한쪽으로 분꽃과 난초로 가득한 화단이 있고, 그 아래에는 푸른 잔디밭이 싱그럽다. 마당에서 뛰어 노는 아이들의 표정 속에 유년 시절의 내가 있다.

　내가 초등학교에 다닐 때 우리 가족은 그 집으로 이사를 왔다. 지금은 주인이 바뀌어 집을 허물고 새 집을 지었지만, 나의 옛집은 일본식으로 지어져서 작으면서도 제법 실용적이었다. 부엌과 현관이 통해 있고 구들이 잘 되어 있어 여름에 시원하고 겨울에는 따뜻했다. 마루가 집 한가운데에 있어 식구들이 모여 담소를 나누기에도 좋았다.

그때는 마당이 지금보다 훨씬 넓었다. 나는 어머니를 도와 봄이 되면 밭을 일구어 상추와 고추 무 배추를 심고 저녁마다 물을 주었다. 옥수수가 하얀 수염을 내밀며 이삭이 통통해질 때면 연두색 포엽을 살며시 열어 보고 빨리 익기를 보채기도 했다. 대문으로 향하는 길을 따라 맨드라미와 봉숭아 접시꽃이 나란히 자랐고, 어머니가 제일 좋아하시던 채송화는 나지막한 키에 옹기종기 모여 꽃을 피웠다. 뒷마당에 어머니가 심어 두신 대추나무에는 해마다 붉은 대추가 소담스럽게 달렸고, 그 옆의 모과나무에도 열매가 신 냄새를 풍기며 익어갔다. 저녁에는 마당에 들마루를 펴 놓고 식구들이 모여 식사를 하였다. 깊은 밤 마당에 혼자 남아 흘러가는 달을 따라 산을 넘기도 하고 반짝이는 별과 함께 하늘로 두둥실 올라가 보기도 했다.

어머니는 겨울 채비를 늘 마당에서 하셨다. 첫서리가 내릴 때면 추수가 끝난 마당 한가운데를 깊이 파서 장독을 묻어 김치를 담그고, 그 옆에 고깔모양을 한 볏단을 덮어 기둥을 세우고 배추와 무, 생강을 한가득씩 넣어 두셨다. 식사 때마다 어머니가 거기서 내어 오신 반찬거리는 겨울을 지나 이른 봄이 와도 끊이지 않았다. 그래서 나는 그것을 도깨비 보물 창고라 여겼다.

마당 가장자리에는 나무로 지은 작은 창고가 있었다. 그곳에는 갖가지 과일과 고구마 감자가 보관되어 있었고, 처마 밑에는 파란

무청으로 만든 시래기가 줄을 지어 달렸다. 우리 식구들은 김장을 하고 남은 것으로 새끼줄처럼 엮어 시래기를 매달았는데, 해마다 추수 때가 되면 시래기 말릴 준비로 마당이 분주하곤 했다.

 시래기는 깊은 맛을 내기 위해 겨우내 추위를 견디며 자기의 자리를 꿋꿋이 지켜냈다. 찬바람이 불면 부는 대로 흔들리고, 오랜만에 햇볕이라도 나면 온몸을 내놓고 자신을 말렸다. 처마 끝에 고드름이 달릴 때면 몸을 움츠리다가 눈이 녹으면 자기도 따라 언 몸을 녹였다. 그렇게 한겨울을 지내고 나면 시래기는 바삭거리는 소리를 내며 밥상에 오를 준비를 한다.

 시래기를 삶는 날은 온 집 안이 풋내로 가득했다. 김이 물씬 나는 시래기를 건져 물에 담가 껍질을 벗기고 속살을 드러내면 다시 한 번 찬물에 담근다. 어머니는 물을 꼭 짜낸 시래기를 공같이 동그란 모양을 내서 부뚜막에 올려놓곤 하셨다. 그것을 어머니는 나물로 무치거나 국이나 찌개에도 넣어 온 식구들을 위한 좋은 식재료로 쓰셨다.

 어머니는 시래기를 매달고 말리는 사이에 시래기를 닮은 인생을 살고 계셨다. 아무도 그의 존재를 귀하게 여기지 않아도 항상 어머니의 자리에 꿋꿋이 서서, 자식들의 건강과 행복을 위해 지극한 사랑으로 자신의 모든 것을 하얗게 말리고 계셨던 것이다. 나는 지금도 오후 나절에 노곤한 몸을 누여 안방이나 마루에서 토막

잠을 자던 어머니의 모습이 눈에 선하다. 허리를 꼬부리고 옆으로 주무시는 동안 시래기의 꿈을 꾸고 계셨는지도 모를 일이다.

  김장과 추수가 끝난 후에도 어머니는 늘 바쁘셨다. 한 달에 두 번씩 목욕물을 데웠다. 커다란 솥단지에 물을 붓고 아궁이에 장작을 넣어 불을 피웠다. 매캐한 연기에 손사래를 치며 눈시울이 붉어지다가, 어느새 가슴속에 담긴 한을 쏟아내듯 눈물을 흘리시곤 했다. 박봉인 공무원의 아내로 우리 육 남매를 키우면서 자신을 돌볼 여유도 없이 지내셨다. 어머니는 하고 싶은 것, 먹고 싶은 것도 많았지만 자식들 잘되는 모습으로 만족하신 분이다.

  그렇게 분주하고 풍요롭던 마당에는 긴 겨울 동안 마른 호박덩굴과 대추나무 잎사귀가 바람에 뒹굴었다. 자식들이 성장하여 출가를 하고, 집에 아버지와 어머니 두 분만 덩그러니 남아 있던 모습에서 겨울의 고향 집 마당이 연상되곤 하였다.

  집 마당의 잔디밭 모퉁이에 채송화 한 송이가 눈에 띄었다. 어머니의 넋이 꽃이 되어 환한 미소를 짓고 있었다.

청령포의 솔향기

　영월에서 청령포로 가는 나룻배에 올랐다. 배를 타지 않고는 갈 수 없는 길이다. 남한강의 지류인 서강(西江)이 흘러오다 이곳에서 동그랗게 물길을 돌려 한반도 모양의 고즈넉한 지형을 만들었다. 강물은 그 자리에 멈추어 선 듯 작은 물결조차 보이지 않는다. 청령포가 점점 가까이 다가오고 백사장 너머로 솔숲이 그림같이 펼쳐진다.

　강기슭에 배가 멈추고 선착장에 내려서니 솔향기가 바람을 타고 날아온다. 여기는 눈물 없이는 볼 수 없는 단종의 유배지다. 열두 살 어린 나이에 임금이 된 후 3년을 넘기지 못하고 권력 암투의 희생양이 되어 노산군으로 강봉된 채 마지막을 지낸 곳이다.

배에서 내려 단종의 흔적을 만나러 가는 길은 가깝지만 멀게도 느껴진다. 어가로 들어가는 길 양옆에는 크고 작은 소나무들이 줄을 지어 나를 반긴다.

　단종어가(端宗御街)는 궁녀와 관노들이 살던 행랑채와 작은 담장을 사이에 두고 단아한 모습으로 앉아 있다. 담장 모퉁이로 나 있는 대문을 들어서려다 문득 머리 위로 그늘막이 있는 듯한 느낌이 들었다. 가만히 올려다보니 온몸에 옅은 주황빛을 띠고 있는 노송(老松) 한 그루가 담장 밖에서 어가 안쪽으로 허리를 굽히고 서 있는 게 아닌가. 그 뒤로는 수백 년은 됨직한 소나무들이 한결같은 모양으로 어가 쪽을 향해 목례를 하고 있다. 단종의 죽음을 함께했던 당시의 충신들이 현세에 살아 돌아온 듯하다. 임은 떠나도 그때 모습을 그대로 간직하면서 역사 지킴이로 후세들의 본보기 역할을 톡톡히 하고 있다.

　어가의 툇마루 건넌방에 자리를 잡고 있는 단종의 영정에 참배하고 돌아서 대문을 나서니 노송들이 아직 그 자리에 서 있다. 대문 밖에는 울창한 소나무 숲이 하늘을 가리고, 솔잎 사이로 밝은 햇살이 간간이 나의 길을 밝힌다. 평평한 나무 길을 따라 걸으면서 온갖 상념에 잠긴다. 어린 단종은 이곳을 거닐면서 무슨 생각을 하고 있었을까. 자신을 탄핵한 수양을 원망하고 세상을 한탄만 하였을까. 모든 것을 잊고 오직 백성들의 평안과 복을 바라고 있었을 거라고 위안해 본다.

  나무 길은 솔숲의 한가운데에 있는 관음송(觀音松)으로 나를 안내한다. 어린 단종이 유배당한 모습을 보고, 또 그가 오열하는 소리를 들었다고 해서 지어진 이름인데, 그가 거기에 걸터앉아 있었다는 이야기가 전해진다. 그때는 어린 임금이 겪은 망향의 한을 함께 슬퍼하고 위로했을 것이나, 지금은 홀로 남아 뜰 안의 소나무들을 호령하고 있다.

  관음송을 떠나 좁은 산길을 오르니 단종이 한양을 바라보며 시름에 잠겼다는 노산대(魯山臺)가 나타난다. 그 아래 깊은 골짜기를 끼고 남한강이 무심히도 흘러간다. 내려오는 길에 단종이 손수 쌓았다는 망향탑을 바라보니 한양에 남겨진 정순왕후를 향한 그의 애절한 마음을 느낄 수 있어 눈시울이 뜨거워진다. 어린 임금이 떨어뜨린 눈물이 씨앗이 되어 자라난 것일까. 길을 따라 자란 소나무도 좁은 산길을 오르내리는 임을 보기 위해 고개를 젖히며 애절하게 서 있다.

  소나무는 장수와 절개의 상징이라고 한다. 우리 선조들의 기개가 그를 닮았다. 임금이 도(道)에 어긋나면 이를 바로잡기 위해 목숨을 걸었다. 소나무는 추운 겨울에 더욱 돋보인다. 다른 나무들은 계절에 따라 색깔을 달리하는데 소나무는 한겨울에도 푸른 기상을 그대로 간직한다. 소나무는 전국 어디서나 흔히 볼 수 있어

우리들에게 너무나 친숙한 나무다. 이런 까닭에 한때 우리 국회에서 소나무를 국목(國木)으로 지정하자는 논의가 있기도 했다.

몇 해 전 남대문이 중건되면서 금강송의 문화적 가치가 뭇사람의 입에 오르내린 적이 있다. 금강송은 줄기가 바르고 결이 곱고 단단하여 최고의 소나무로 알려져 있다. 세월의 온갖 풍파에도 굳은 지조와 인내심으로 견뎌내기를 바라는 마음에서 사람들은 국가의 중요한 문화재에 이를 즐겨 사용하고 있는 듯하다.

우리의 이웃인 소나무가 이럴진대 나의 모습은 과연 어떠한가. 바르고 옳은 것을 택하기보다 나 자신의 유익을 우선하고 있지는 않는가. 남들의 말에 흔들려 나의 생각과 행동을 쉽게 바꾸지는 않는가.

내가 이십여 년 전 지금의 집으로 이사 오던 해에 앞마당에 어린 소나무 한 그루를 심었다. 몇 해 동안은 언제 자라나 싶을 만큼 작았는데 어느 틈엔가 제법 의젓한 모습으로 나를 내려다보고 있다. 우리 아이들이 어릴 때 심었으니 함께 자란 그들의 친구다. 처음에는 물도 주고 거름을 올리면서 정성으로 가꾸었는데, 소나무가 제법 자란 뒤에는 서로 키를 재보는 재미가 톡톡하다.

나는 내 집 앞에 있는 소나무를 밝은 세상을 위한 양심의 지킴이로 곱게 키우고 싶다. 청령포의 소나무같이 진솔한 마음을 가진 또 하나의 충절의 상징으로 자라는 모습을 보고 싶다.

펜션열차를 타고

　사람들은 제각기 아름다운 추억을 간직하며 살아간다. 그중에는 오랜 세월 가슴에 깊이 담아두고 싶은 것도 있고, 일상의 조그만 편린으로 남아 어쩌다 생각나기도 한다. 추억은 대부분 체험을 통해 얻어지는데, 나도 우연한 기회에 특별한 경험을 한 적이 있다.

　열차는 밤공기를 가르며 앞만 보고 달리다가 강변에 잠시 멈추어 섰다. 지나가던 구름도 강물 위로 내려앉아 있는데, 무심한 열차는 밤경치에 흠뻑 빠져 그 자리에서 떠날 줄을 모른다.
　가랑비가 내리던 어느 봄날, 강원도 화천의 열차펜션에서 하룻밤을 보냈다. 이곳은 화천군이 코레일(Korail)과 공동으로 테마펜션열차 조성사업으로 설치한 숙박 시설로, 폐차되는 새마을호의 기관차 1량과 객차 10량을 개조하여 관리실과 여러 개의 객실로 만들었다.

"모든 고객의 행복한 여행을 위해 소중히 모시겠습니다."

코레일이 내건 현수막이 마치 펜션에서 지내는 손님들을 태우고 기차 여행이라도 시켜주려는 듯하다. 객실 맨 앞에는 기관차가 녹이 슬고 해진 예전 모습 그대로 레일 위에 서 있고, 그 뒤로 객차들이 길게 매달려 있다. 객실은 객차마다 칸을 나누어 전체를 리모델링하였는데, 자그만 현관 옆 세면장을 지나 방문을 열면 환한 조명과 갓 들여놓은 가구들로 마치 신혼집 같다. 간단한 음식도 해 먹을 수 있어 무엇 하나 부족한 게 없다.

창문을 열고 테라스로 나가니 강이 한층 가까이 다가와 있고, 구름에 가렸던 별들이 어느새 환한 얼굴을 하고 멀리서 온 손님을 반갑게 맞아 준다. 이 강은 추운 겨울에 꽁꽁 얼어붙어 해마다 1월이면 산천어축제를 하던 곳이다. 열차의 기적 소리가 멈춘 공허한 하늘로 축제장에 몰려든 사람들의 환호성이 들리는 듯하다.

지난해 겨울 나는 식구들과 함께 이곳을 찾았다. 나들이 나온 가족들과 외국인 관광객들로 얼음 위는 발 디딜 틈이 없었다. 언론에서는 다녀간 인파가 모두 백만 명이 넘어섰다고 했다.

우리 가족은 낚시 도구를 준비해서 한쪽에 자리 잡았다. 주변에서 고기를 낚았다고 소리치며 좋아하는 모습에 마냥 부러워하고 있던 차에 내가 드리운 낚싯대에서도 묵직한 느낌이 왔다. 그 순간 산천어가 온몸을 뒤틀며 하늘로 치솟았다. 오랜만에 느껴본 쾌감이었다. 몇 해 전 대마도 여행 중에 바다낚시를 하다가 황금색 볼락을 한 마리 잡아 본 이후로 처음이었다. 나는 그 후로 산천어를 다섯 마리나 더 잡았다. 솜씨가 없는 내게도 잡히다니, 참으로 미련한 놈들이라는 생각이 들었다. 나는 그때 잊지 못할 싱싱한 추억을 낚고 있었다.

산천어는 등 쪽이 푸른색에 까만 반점이 있고 배는 은백색이며 몸 옆으로 타원형의 갈색 무늬를 띤다. 강 상류의 차갑고 맑은 물에 서식하는데, 물속을 유영하는 산천어는 작은 숭어의 모습을 닮아 가만히 바라보고 있노라면 잔잔하면서도 생명력이 넘치는 슈베르트의 가곡 〈숭어〉를 떠오르게 한다.

우리는 그때 잡은 산천어를 구워 먹기도 하고 몇 마리는 숙소로 가져가 매운탕을 해서 먹었다. 깨끗한 물에서 살아가는 신사답게 용모도 제법 수려하지만 담백하고 고소한 맛이 있어 산천어만 생각하면 지금도 입가에 군침이 돈다.

화천의 밤은 갖가지 색상의 조명을 받은 산천어 조형물이 곳곳을 메웠다. 시장으로 가는 좁은 길에도, 도심을 관통하는 도로 위에도, 동네로 들어가는 담벼락에도 산천어들이 줄을 지어 다녔다. 온 세상이 바다 속에 잠겨 있었고, 그 속을 다니는 사람들은 산천어 떼와 어울려 함께 헤엄을 치는 듯했다. 숙소로 돌아가는 동안 나도 어느덧 산천어와 한가족이 되어 있었다.

열차는 밤이 깊어가면서 산천어의 추억을 싣고 다시 출발했다. 어디로 가려나. 나는 피곤한 몸을 침대에 누이고 열차에 몸을 맡겼다. 어디서 달그락거리는 소리가 들리는 듯하다가, 간이역에 잠시 멈추어 서 있는가 싶더니 어느새 하얀 햇살과 함께 상쾌한 아침을 맞았다. 열차는 밤을 새워 북한강을 한 바퀴 돌아 세상 구경을 하고 다시 제자리에 돌아와 있었던 것인가.

기관차 조종실로 가 보았다. 거기에는 세월이 지나간 흔적이 고스란히 남아 있었다. 갖가지 장비와 부속품들이 낡아 글씨도 보이지 않고 창문에는 먼지가 끼어 그 안이 마치 안개 속 같았다.

넘어질 듯 찌그러진 의자에 살며시 앉아 보았다. 거기에는 여행객들을 태우고 열차를 운행하던 기관사들의 분주한 손놀림과 거친 숨소리가 남아 있었다. 눈이 오나 비가 오나, 추울 때나 더울 때나 그들은 평생을 오직 앞만 보고 달렸을 것이다. 기관사들은 수많은 승객들을 맞이하고 내려 주면서 무슨 생각을 하였을까. 고향에 두고 온 가족들의 평안과 행복만을 바라고 있었을까. 세월을 달리던 기관사들의 젊은 열정을 느끼는 순간, 흐르는 강물처럼 내 가슴도 물결치고 있었다.

  펜션열차에서의 하룻밤이 축제와 열차, 밤경치가 함께 어우러진 또 하나의 추억으로 오랫동안 내 마음속에 머물러 있을 것이다.

흔적

1

회오리바람 속으로 눈발이 휘날린다. 눈이 날아가는 모습을 보노라면 바람이 어디로 가는지, 어디에서 오는지 알 수 있다. 바로 앞의 눈송이가 떼를 지어 한쪽으로 몰려가기도 하고, 다른 눈들은 바람 따라 하늘로 치솟기도 한다. 그러기를 반복하다가 결국은 새털처럼 얌전히 땅으로 내려앉는다.

동네 작은 공원에 있는 낙엽송의 잎에 눈이 얼기설기 붙어 있어 마치 옛날 시골 할아버지 수염 같다. 낙엽송은 갈색으로 물든 솔잎을 간신히 매단 채 떠나간 가을을 아쉬워하고 있는데, 야속한 한파는 이를 가만히 두지 않는다. 눈보라 속에서 온몸을 떨고 있는 솔잎들이 애처롭다.

　어제도 잿빛 하늘에 눈발이 간간이 보이기 시작하더니 밤을 새워 공원 마당을 하얗게 덮었다. 매일 아침 내가 눈만 뜨면 바라보던 낙엽이 눈 속에 숨었다. 가을의 흔적이 겨울 속에 덮여 세상의 이목에서 사라진 것이다. 갑자기 찾아온 추위에 바들거리다 마침 내리는 눈으로 자신의 몸을 덮고 그나마 차가운 기운을 피한 듯싶다.

　문득 세파에 시달리다 세상의 뒤안길로 접어드는 나의 모습이 눈에 덮인 낙엽에 투영된다. 아직 마음은 젊어 나이 든 것을 모른 체하며 살고 있는데, 세상은 내게 은퇴자라는 내키지 않는 훈장만 안겨주고 뒤로 물러나기를 재촉하고 있다. 간밤에 내린 눈이 내 젊은 날의 흔적을 덮으려는 세월의 전령인가.

　공원의 낙엽송은 지난 계절 온몸을 다 바쳐 세상을 푸르고 아름답게 가꾸었으니, 이제는 편히 쉬면서 지금의 의젓한 모습 그대로 간직해 주기를 나는 바란다. 그러다 따뜻한 봄이 오면 새싹이 움틀 거고, 그 옆을 지나가는 길손이 예전의 좋았던 시절을 기억해 낼 수도 있지 않을까.

2
　우리네 삶 속에서 흔적은 어떤 의미를 가지는 것일까.

　지난날의 후회스러운 일이나 잘못된 인연은 기억에서 지워버리고 싶어진다. 하지만 사랑하고 존경하여 소중한 인연을 맺은 사람은 인생의 좋은 길잡이가 될 수 있고, 평생토록 그 사람의 흔적을 가슴에 안고 산다.

사도 바울은 교회를 박해하는 일에 선봉이 되었다가 예수를 만나는 순간 인생이 완전히 바뀌었다. 그가 갈라디아 교회에 보낸 서신에서, 자신이 예수를 믿음으로 박해와 투옥의 고통을 당하며 얻은 상흔이 몸에 있기에 확실한 예수의 사람이라고 당당히 말하고 있다. 그에게 예수의 흔적은 죽음의 위협에도 불구하고 오히려 복음을 전하는 원동력이 되었다.

나의 영혼 속에 남을 흔적은 어떤 것일까. 그것은 죽는 순간까지 나를 지탱하게 하고 내가 의지할 수 있는 믿음과 소망이다. 그것은 나무껍질에 붙은 송진처럼 나와 하나가 되어 나의 있는 그대로를 보여주는 순결함이다. 그것은 변화와 행복의 원천이요, 내가 존재하는 이유요, 살아가는 힘이 된다. 주어진 사명을 잘 감당하여 세상을 떠날 때 자랑스럽게 남기고 갈 나의 모든 것이다. 어떤 믿음과 소망을 가질 것인가에 대한 해답은 오직 나 자신의 의지와 결단에 달려 있다.

3

흔적은 사물이나 현상에 있는 것이라면 없어지기도 하지만, 그

것이 마음에 새겨진 상처에서 비롯된 것이라면 쉽게 지워지지 않는다.

 태평양전쟁 때 일본군의 위안부로 끌려간 어린 소녀들의 한은 그들의 가슴속에 깊이 각인되어 있지만, 우리 역사에도 지워지지 않는 흔적으로 남아 있다. 당시 수많은 소녀들이 전쟁터로 끌려간 후 지금까지 생존해 있는 할머니는 수십 명에 불과하다고 한다.

 위안부 할머니에 대한 실화를 바탕으로 영화가 제작되고 있다. 영화감독은 인터뷰를 한 할머니들을 회상하며 카메라 앞에서 눈시울을 붉혔다. 영화의 제목은 ≪귀향(鬼鄕)≫, 죽은 영혼이 되어 고향으로 돌아간다는 의미다. 이 영화는 타향에서 억울한 죽임을 당한 영혼을 위로하고 생존해 있는 분들의 마음을 달래기 위한 것으로, 감독은 "이 영화가 역사적인 산 증거가 되기를 바란다."고 포부를 밝혔다.

 지난해 일본의 한 정치인은 위안부 동원의 강제성과 피해에 대해 역사적 증거가 불충분하여 이를 인정할 수 없다고 주장하였다. 이를 본 위안부 할머니들은 "고문과 구타를 수도 없이 당하고, 쓰다가 병이 나면 버리는 쓰레기 같은 취급을 받았다."고 당시를 회상했다. 그들은 "우리 자신이 바로 살아 있는 증거다."라고 피를 토하는 심정으로 증언하기도 했다.

 역사적 사실은 부정한다고 사라지지 않는다. 위안부들에게 맺한 응어리가 분명 그들의 가슴에 아픈 흔적으로 남아 있는데, 그것을 어느 누가 지울 수 있을까. 애써 지우려 해도 쉽게 지워질 수도 없고, 모든 것을 인정하고 보상을 한다고 해서 그들의 한이 쉽게 풀어지겠는가.

첫눈 내리는 날

첫눈을 가야산 해인사에서 맞았다.

아직은 11월 중순이라 산에는 늦은 단풍이 남아 있고, 길 위에 낙엽이 소복이 쌓여 지나가는 가을의 아쉬움을 달래 준다. 나지막하게 자란 조릿대 옆으로 여름의 한더위를 식혀 주던 개울물이 서늘한 가을의 기운을 품에 안고 흐른다.

내방객들은 예전보다 빨리 찾아온 추위에 겨울옷을 단단히 차려입고 산을 오른다. 일주문 아래 영지(影池)에는 가야산의 그림자가 잔물결을 따라 흔들리고, 가을이 깊이 잠겨 있다. 부처님이 봉안되어 있는 보경당 앞뜰에는 연등이 줄을 지어 발아래에 내려앉아 있다. 구광루 계단을 오르니 눈앞에 대적광전(大寂光殿)의 웅

장한 자태가 나를 압도한다. 간간이 뿌리던 빗방울이 하얀 눈으로 바뀌면서 내 머리 위로 떨어진다. 첫눈이다. 산에는 가을의 향기가 아직 가시지도 않았는데 벌써 겨울이 온 것인가.

첫눈은 겨울이 시작됨을 알리는 첫 신호다. 하늘이 우리에게 주신 귀한 선물이라 여겨지는 연유로 어느 누구든 때가 이르다거나 갑작스레 내린다고 불평을 하거나 나무라지 않는다. 오히려 올해는 첫눈이 언제 오는지 모두들 궁금해 하면서 날씨가 흐리기만 하면 하늘을 쳐다보곤 한다.

산에서 내리는 눈은 유달리 깨끗하고 청명하다. 나는 고개를 젖히고 입을 벌려 하늘에서 떨어지는 하얀 눈을 몸속으로 맞아들인다. 머리 위에도 얼굴 위로도 살포시 떨어진다. 나뭇가지에 달린 단풍잎이 부끄러운 듯 금세 눈 속으로 모습을 감추며 순백색으로 변한다.

검회색 구름이 하늘을 뒤덮는다 싶더니 눈송이가 점점 커지면서 어느새 함박눈이 되어 앞을 분간하기 힘들 정도로 쏟아진다. 대적광전 앞마당에 있는 삼층석탑의 옥개(屋蓋) 끝에 달린 풍경(風磬)이 갑작스러운 눈발에 놀라 소리도 내지 못하고 가만히 있다. 주변에 있는 전각(殿閣)의 처마에도 같은 모양의 풍경들이 저마다 목을 길게 내린 채 달려 있고, 바람도 눈 구경을 하느라 가던 길을 잠시 멈추고 있는 듯하다.

대적광전에서 학사대로 걸음을 옮기는데 머리 위에서 풍경 소리가 들린다. 더없이 맑고 깨끗하다. 대비로전(大毘盧殿)에 달려 있는 풍경에서 나는 소리였다. 다른 곳에서는 아무런 소리를 들을 수 없었는데 유달리 거기에 있는 풍경에서 소리가 들린 건 무슨 까닭일까. 대비로전에 연등을 달고 소원을 빌면 천년 사랑이 이루어진다고 하는데, 죽어서도 맺어져야 하는 애달픈 인연이 내게도 있었더란 말인가. 풍경은 수행자들이 물고기처럼 항상 깨어 있으면서 부지런히 도를 닦으라는 의미를 담고 있다는데…. 이 풍경 소리는 오랫동안 내 귓전을 맴돌면서 어느 것 하나 흠결 없이 깨끗하고 순수한 마음으로 살아가도록 나를 깨우쳐 줄 것 같다.

일주문 가는 길에 천 년된 고사목이 눈을 맞으며 처연히 서 있다. 허리도 가슴도 머리도 온통 하얀색으로 변한다. 천 년 세월 동안 천 번의 첫눈을 맞이하면서 그는 무슨 생각을 하고 있었을까. 그도 영원한 사랑을 소원하면서 목숨이 다할 때까지 한 마음으로 그 누구를 기다리고 있었는지도 모른다.

내려가는 길목에 자리한 육모 지붕의 전각 아래에서 등산객들이 무리를 지어 돗자리를 깔고 앉아 늦은 점심을 먹고 있다. 첫눈을 즐기느라 식사 때를 놓친 게 아닌가 싶다. 저마다 음식을 먹는지 내리는 눈을 먹는지 알 수 없을 정도로 깔깔거리고, 일행 중 몇 사람은 카메라로 그 장면을 찍느라 분주하다. 첫눈이 저렇게 즐거운 것인가. 나도 덩달아 그들의 모습을 카메라에 담았다.

　산을 내려오니 조금 전 올라갈 때 보았던 조릿대가 하얀 눈을 머리에 이고 방긋 웃으며 나를 반긴다. 그 사이에 첫눈을 맞아 포기마다 잎사귀마다 새로운 기운을 받아서 곁에 있는 친구들과 조잘거리는 모습이 추위도 잊은 듯하다.

　오랜만에 가진 가야산의 산행 길은 가을에 올라갔다가 눈과 더불어 겨울에 내려왔다. 올 겨울은 첫눈의 추억 속에 풍경 소리까지 담았으니 유난히 포근하고 행복할 것만 같다.

병실에서

 학교 동창 모임의 회장이 친구들에게 문자를 날렸다. 투병 중에 있는 내가 하루속히 건강을 회복하기 바라면서, 모두의 정성을 모으면 안 될 일이 없을 거라 장담한다. 치료를 위해 입원을 하루 앞둔 나는 그의 글을 읽다가 갑자기 눈시울이 뜨거워졌다. 병 때문에 내 마음이 약해진 것인가, 아니면 나이를 먹은 탓인가. 댓글이 쏟아졌다. 쾌유하여 다시 만나자고, 나를 위해 기도해 주겠다고, 마음을 편안히 하고 자신감을 가지라는 응원의 목소리가 내 영혼을 울렸다.
 지난번 진료 때 주치의는 내게 종양이 재발했다고 하면서 지금까지의 방식과는 다르게 두 가지 치료를 같이 해 보자고 했다.

나는 하루 일찍 입원해서 밤새 금식하며 마음을 추슬렀다. 아는 병이라 담담한 심정으로 수술대에 올랐다.

첫 번째 치료는 그 전에도 해 본 경험이 있어 힘들지 않고 잘 견뎌 냈다. 한 시간쯤 흘렀을까, 다음 치료를 위해 의사와 간호사들이 분주히 움직였다. 마취 주사액이 여러 차례 옆구리를 통해 들어갔지만 정신은 점점 또렷해지기만 했다.

너무나 힘들고 아팠다. 두 번째 치료는 처음에는 견딜 만하다가 점점 강도가 높아지더니 마침내 종양 부위에 통증이 오기 시작했다. 내가 이 병으로 죽게 되면 죽을 때 그렇게 아프다던데, 이만큼이나 아프다가 죽는 것인가. 이번에는 한두 시간 정도 참으면 되지만 그때는 얼마나 긴 시간을 괴로워해야 할까. 문득 '아니야. 그때 아플 것을 지금 먼저 아프면, 그래서 통증을 이겨내어 종양을 치료하게 되면 나중에 내가 임종할 때는 기력이 없거나 다른 병으로 편안히 갈 수 있겠지.' 하는 생각이 스치고 지나갔다. 나는 쉴 새 없이 돌아가는 엑스선 사진기 밑에서 나 자신을 그렇게 위로하고 있었다.

다행히 치료를 받는 내내 간호조무사가 아프다고 소리치는 나의 손을 꼭 잡은 채 끝까지 함께 있어 주었다. 그때 내 곁에 그가 없었다면 통증을 참지 못하고 몸의 자세가 흐트러지면서 수술대에서 떨어졌을지도 모를 일이다. 그는 치유의 하나님이 내게 보내

주신 천사임에 틀림이 없었다. 그날 나는 거의 세 시간 만에 병실로 돌아왔다.

한 친구가 내게 희망의 메시지를 보내왔다. 병원 치료가 끝나면 이제는 무조건 인생을 즐기라고 한다. "나이가 들면 무엇보다 중요한 것은 스스로 자신을 잘 대접하는 것이다. 그래야 후회 없는 삶을 살게 된다. 몸은 의사에게 맡기고 목숨은 하늘에 맡기고 마음은 스스로 책임져야 한다."고 했다.

이 병이 난 지 벌써 팔 년째다. 다행히 경과가 좋아서 특별한 증세가 나타나거나 악화된 적은 없었지만, 가끔 종양이 재발되어 입원 치료를 받은 적이 있다. 퇴원할 때마다 치료의 후유증으로 며칠씩 가슴과 옆구리에 통증이 가시지 않았다. '내가 참아야 할 고통과 인내하고 견뎌야 할 고비가 아직 남아 있는 것인가. 세월이 얼마나 지나야 예전의 건강한 모습으로 다시 돌아갈 수 있을까.' 하는 생각으로 밤잠을 설치기도 했다.

지금의 이 고통이 나에게 주는 의미는 무엇일까. 세상을 향해 나의 허물을 인정하고 용서를 구해야 할 일이 있음을 깨닫는다. 내가 좋아하는 수필이 있고 손자의 재롱이 있고 나의 사랑을 기다리는 아내가 있음을 감사하면서 살아가야 할 일이다.

내가 병원에 입원해 있는 동안, 집 베란다에 옹기종기 모여 있던 한 무리의 난초 잎을 헤치고 연둣빛 꽃대가 올라왔다. 주인의 무관심에도 척박한 환경을 이겨 내고 그토록 아름다운 결실을 보일 수 있었던 비결은 무엇일까. 힘들수록 더욱 강인해지려는 것이 자연의 이치가 아닌가. 그 꽃송이는 육신과 영혼이 연약해진 내게 생존에 대한 희망과 자신감을 일깨워 주고 있었다.

며칠 전 병원에 갔을 때 주치의는 지난번 치료가 잘 되어 수술에 버금가는 효과를 보았다고 하면서 환하게 웃었다. 나도 따라 웃었다. 세상에 이렇게 기쁜 일이 또 있을까. 한참을 웃고 나니 치료받을 때의 고통스럽던 기억이 한순간에 날아갔다. 새로운 시작을 알리는 희망의 종소리가 들리는 듯했다.

이제 한껏 즐거운 마음으로 새 아침을 맞는다. 나 자신을 사랑하듯 난초에 정성스럽게 물을 준다. 예전보다 잎이 무성하고 꽃대도 많이 올라오는 모습을 보고 싶다. 그래서 그들과 함께 나도 더욱 강건해질 것이다.

매력에 빠지다

살구꽃 향기

　세상에는 매력적인 사람들이 참 많다. 자기만의 독특한 매력을 가지고 있지만 정작 자신은 깨닫지 못한 채 지나치기도 하고, 곁에 있는 사람들도 그걸 모르고 무심히 지내기도 한다. 그럴 때는 그들의 매력이 마치 바다 밑 조개 속에 숨겨져 세상의 빛을 보지 못하는 진주와 같다는 생각이 든다.
　매력은 은은함이요, 은근함이다. 매력은 여명의 불빛처럼 저 멀리서 아련하게 다가온다. 오감으로 금방 느낄 때도 있지만 그런 매력은 오래 가지 못하는 경우가 많다. 천천히 마음을 열게 하여 영혼까지 감동을 주는 게 진정한 매력이다. 매력은 또 자신도 모르게 슬며시 다가온다. 사랑하는 사람과 잠시 떨어져 있어 보고 싶은 마음에 은밀하게 찾아오는 두근거림이다. 시골 할머니가 아궁이에 참나무로 땐 군불처럼 한옥 방 아랫목에서 느껴지는 따스함이요, 물기에 살짝 젖은 도화지 위에 물감이 방울방울 떨어져 번져 나가는 분홍색 무늬다.

  내게 매력적인 사람을 말하라면 언뜻 생각나는 사람들이 있다. 시합에 승리하기 위해 최선을 다하는 운동선수와 프로 바둑 기사, 창의적인 사고로 새로운 것을 탐구하는 과학자와 발명가, 암을 치료하는 명의, 감동적인 글을 쓰는 작가, 명연기로 사람들의 가슴을 울리는 배우와 탤런트들이다.

  하지만 내가 매력을 느낀 사람은 인생의 거창한 목표를 가졌다기보다 자연을 사랑하는 소박한 사람이었다. 그는 꽃을 유난히 좋아해서 그의 집 앞 뜰은 항상 꽃밭이었다. 하루는 히아신스 꽃이 피고 무스카리도 보랏빛 몽우리가 예쁘게 올라왔다고 내게 말했다. 탐스러운 암머위의 흰 꽃대도 키가 훌쩍 자랐다고 자랑하였다. 그러면서 봄은 앉아서 기다리지 말고 밖으로 나가야 볼 수 있다고, 생각 속에서만 있는 봄은 봄이 아니라고 나의 게으름을 탓하고 있었다.

  그러던 그가 살구꽃 사연을 이메일로 보내왔다. "하룻밤 새 꽃망울이 터진 살구꽃이 지금도 톡톡 터지는 소리가 들리는 듯하다.

피지도 못하고 밤새 바람에 떨어진 살구꽃 몽우리를 주워 수반에 담아 놓으니 이리도 잘 피어난다. 이 신비한 힘은 어디서 오는 걸까?" 그 둘을 비교하는 사진을 보았다. 한쪽은 엄마 젖 먹는 꿈을 꾸듯 오물거리는 아기 입술 모양이고, 다른 하나는 곤한 잠에서 깨어 환하게 웃는 모습이었다. 수반 안의 꽃잎에 흔들리는 물살 위로 나의 어린 추억이 문득 떠올랐다.

 초등학교 때 나는 노래를 즐겨 불렀다. 등교나 하교 길은 언제나 움직이는 공연장이었고, 봄가을에 소풍을 가면 나는 제일 먼저 무대로 나가 노래를 부르곤 했다. 학교 합창단원을 뽑던 날 나는 내 솜씨를 뽐내려고 목청을 가다듬어 열창을 했다. 내가 부른 노래는 〈고향의 봄〉이었다. "나의 살던 고향은 꽃피는 산골 복숭아꽃 살구꽃 아기 진달래…." 나는 그 당시 복숭아꽃은 보지 못했지만 살구꽃은 본 적이 있었다.

 내가 살던 동네 앞산을 올라가는 길목에 살구나무 한 그루가 있었다. 봄이면 언제나 하얀 꽃을 탐스럽게 피웠다. 나는 친구들과 그 아래에서 노래를 부르고 놀이도 하며 가무스름한 동심을 키워 나갔다. 바람이 불면 꽃잎이 떨어져 우리들 가슴속에 소복이 쌓였다. 그때의 새콤한 살구 냄새가 코끝을 스치고 지나간다.

 내게 분홍빛 추억을 불러 준 그 친구의 매력이 살구꽃 향기와 함께 피어나는 순간이었다.

천상의 소리

텔레비전을 보다가 공연장에 있던 관객들의 박수와 눈물에 나도 함께 눈시울이 뜨거워졌다. 순간적인 매력을 느끼게 하는 독특한 경험을 그때 나는 해 본 것이다. 그 젊은 남자는 맑고 고운 목소리로 노래를 불렀는데, 그 소리는 깊은 내면에서 흘러나오는 메아리가 되어 내 영혼에 잔잔히 울려 퍼지고 있었다.
〈넬라 판타지아〉. 그날 그가 부른 노래였다.

나는 환상 속에서 모두들 정직하고 평화롭게 사는 세상을 봅니다 / (…) / 나는 환상 속에서 밤조차도 어둡지 않은 밝은 세상을 봅니다/ (…) / 나는 떠다니는 구름처럼 항상 자유로운 영혼을 꿈꿉니다. 영혼 깊은 곳까지 박애로 충만한 영혼을.

노래 가사와는 달리 그는 불행한 시절을 보냈다. 세 살 때 고아가 되어 고아원에서 살다가 갖은 구타를 못 이겨 뛰쳐나와 껌팔이와 막노동을 하면서 철저히 혼자 지냈다. 그렇지만 그는 어려운 여건 속에서도 검정고시에 합격하여 고등학교 학력을 가지고 있었다.
심사위원이 노래를 하게 된 동기를 묻는 질문에, 그는 야간 업소에서 껌을 팔다가 어떤 출연자가 무대 위에서 진지하게 노래하는 모습에 매료되어 그 사람처럼 되고 싶었다고 했다. 어두운 환경에서 살았지만 노래를 부르는 동안만이라도 내가 아닌 다른 사람이 될 수 있어 좋았다며 쑥스러워했다.

그는 아름다운 도전자였다. 험한 세상에 찌든 모습은 하나도 보이지 않고, 노래 가사처럼 밝은 세상을 바라보며 자유로운 영혼을 꿈꾸고 있었다. 겸손하면서도 자신감이 넘쳤다. 어떻게 그럴 수 있을까. 그에게 닥친 원망과 회한의 상황을 극복하고 자신만의 순수함을 지켜내는 인내와 끈기 때문이 아닐까. 그날 이후 가수의 목소리는 그 사람의 인격과 품성의 결실이라는 확신을 나는 갖게 되었다.

그에게서 느낀 매력은 따스한 봄빛이 되어 내 가슴속에 오래오래 머물러 있을 것이다. 상대방의 말이나 생각에 공감하여 친밀감을 가지고 서로 신뢰하는 상태가 되는 '라포르(rapport)'를 느낄 수 있어 나는 참 행복했다.

노란 리본

Chapter 4

매화향기 속에서

리어카의 추억

노란 리본

매화향기 속에서

회장님 오신 날

이방인

붉은 사과

시간 여행

"내 사진 앞에서 울지 마세요. 나 거기 없어요. 천 개의 바람이 되어 저 넓은 하늘 위로 자유롭게 날고 있죠. 아침에 종달새 되어, 밤에는 별이 되어 그대를 지켜줄게요."
죽은 자가 산 자를 위로하고, 슬픔이 재회의 기쁨으로 승화되는 순간이다.
 그들은 소박하고 화사한 꽃으로 다시 피어나서, 학교 정문 앞 길가의 은빛 줄 위에 매달려 바람에 나부끼는 노란 리본들 너머로 돌아오고 있었다.

리어카의 추억

 아스팔트 길 위로 노인 한 분이 힘겹게 길을 건너고 있다. 헌 신문지와 찌그러진 고물을 가득 실은 리어카를 허리에 감은 채 지나가는 자동차 사이로 곡예를 한다. 내가 탄 버스의 운전사는 빵빵 소리를 내며 길을 재촉하고, 간신히 건너간 노인은 안도의 한숨을 몰아쉰다. 리어카는 매어 놓은 끈이 헤지고 손잡이에 녹이 슬어 그것을 끌고 가는 노인의 모습과 닮았다. 그 리어카는 흑백 필름에 담긴 빛바랜 추억 속으로 나를 싣고 간다.
 고등학교에 입학하던 날부터 학교 바로 앞에서 하숙을 했다. 그 당시 학생들은 대부분 하숙보다 자취를 하였는데, 나도 첫 학기가 끝날 무렵부터 생활비도 절약하고 자립심을 키우겠다는 마음으로 줄곧 자취를 하면서 지냈다.

 처음으로 자취를 시작한 집은 학교 담벼락을 사이에 둔 조그만 한옥이었다. 살림살이라고 해야 고향 집에서 가져간 책상과 밥상, 이불과 옷가지, 책과 노트, 밥그릇, 조그마한 솥과 프라이팬 따위로 방 안에 늘어놓으면 불과 방바닥의 반쪽이 찰 정도였다. 그중에 연탄집게는 필수품이었다. 연탄불로 난방도 하고 밥도 하고 찌개도 끓였다. 마당 한가운데 있던 우물가에서 빨래를 하는 날은 한집에 살던 이웃들과 대화를 나누는 유일한 시간이었다.

 그때는 이사를 참 많이도 했다. 전세금을 올려 달라는 집주인의 성화에 학교에서 제법 멀리 떨어진 동네로 처음 이사를 갔다. 새로 간 집은 문간방에 풍금이 있어 틈만 나면 건반을 두드리며 노래를 불렀다. 아침마다 골목길을 누비던 두부 장수의 딸랑거리는 종소리는 그렇게 정다울 수 없었다. 그러다가 다른 지방에 있던 형님이 나와 같이 생활하기 시작하면서 조금 더 큰 집으로 이사를 하게 되었고, 이사한 집의 방고래가 고장이 나서 겨울 추위를 못 이겨 다른 집으로 또다시 이사를 갔다. 이듬해 형님이 서울로 떠난 후에는 학교 인근으로 거처를 다시 옮겼다.

 이사를 할 때는 집 근처 공사장에서 조그만 리어카를 빌려 친구나 후배의 도움을 받아 끌고 다니곤 했다. 리어카는 가볍지만 바퀴가 튼튼하여 짐을 가득 실어도 끄떡없고, 턱 부근에 밧줄로 얽은 바구니가 있어 작은 물건을 많이 담을 수 있어 참 편리했다. 리어카가 지나가는 길은 평탄한 데도 있지만 고르지 못한 곳을 지날 때는 쉬지 않고 터덜거렸다. 그럴 때마다 리어카에 실은 살림 도구가 떨어져 잠시 세워 짐을 고쳐 담기도 하였다.

도로는 위치에 따라 오르막도 있고 내리막도 있었다. 힘이 부칠 때는 리어카 양옆의 철판 위에 앉아 쉬어가기도 했다. 내가 살던 동네 길은 거의 삼 년 동안 리어카와 함께 다니던 고행 길이 되었다. 그렇지만 리어카는 그 안에서 삶에 대한 지혜와 열정이 움을 트고, 행복의 소망으로 이어지는 플랫폼과 같은 존재였다.

짐을 가득 실은 리어카는 앞으로 가다가 힘에 겨워 오던 길을 내려가게 되면 다시 올라오기 어려워진다. 이것이 지금 이 순간에 충실하고 최선을 다해야 하는 이유다. 고개는 앞으로 약간 구부린 자세가 가장 안전하다. 내리막이나 오르막에서는 쉬지 않고 앞으로 가야 하고, 제자리에 있으려면 바퀴에 브레이크 장치를 해야 한다. 급하다고 달려가거나 너무 느리게 가면 위험하기도 하지만 더욱 힘들어질 수도 있다. 인생도 이와 같지 않은가. 나는 고등학교에 다닐 때부터 나도 모르는 사이에 삶의 진리를 터득하고 있었던 것이다.

결혼을 하고 가장이 되는 것은 리어카를 끌고 가는 것과 흡사하다. 가족의 아픔과 생활의 짐은 리어카에 담긴 세간과 같아서 정성을 다해 바른 길로 이끌며 안전하게 보살펴야 한다. 역경이나 고난이 닥치면 잠시 쉬면서 지나온 길을 돌아볼 여유도 가져 본다. 항상 세상을 향해 고개를 숙여 겸손과 배려로 살아가고, 험한 길도 인내하고 극복하면 평안한 일상이 온다는 믿음을 가져야 한다. 앞에서 끌어 주고 뒤에서 밀어 주는 인생의 동반자가 때로는 절실하게 필요할 것이다. 우리들의 등에 짐이 있어 더욱 참되고 바르게 살 수 있다고 어느 철학자도 말하지 않았던가.

  요즘은 리어카가 눈에 잘 뜨이지 않는다. 웬만한 이삿짐은 용달차가 대신하고 있고, 폐기물은 전문 용역업체에서 나온 청소차가 시원스럽게 싣고 간다. 리어카는 도회지의 공사장이나 골목을 누비는 재활용품 수집가들 손에 들려 예전에 잘 나가던 시절의 아쉬움을 달래고 있을 뿐이다.

  어느 잡지에서 골목길에 서 있는 리어카를 보았다. 그림 속의 리어카는 길을 외면한 채 담을 바라보며 이제 나 좀 놓아주었으면 하고 외치는 것 같다. 지난 수십 년을 하루도 쉬지 않고 일하다 피곤하고 지친 몸을 간신히 누여 기나긴 휴식을 시작하려는 모습이다.

  리어카는 오늘도 세월의 뒤안길에서 외롭고 쓸쓸하게 자신의 옛 모습을 지키고 있다.

노란 리본

안산에 있는 화랑유원지를 찾았다. 분향소로 가는 길에는 온통 노란색과 검정색 물결이 이어지고 있었다. 오고 가는 참배객들 사이를 지나는데 나도 모르게 눈시울이 뜨거워졌다. 추모 대열은 끝이 없었고, 잠시 기다리는 동안 내 뒤에는 많은 사람들이 광장을 메우고 있었다.

분향소 바깥에는 의료 봉사단, 물품 접수처, 무료 급식소들이 자리 잡은 하얀 천막들로 가득 찼다. "지켜 주지 못해 미안합니다. 통한의 바다를 떠나 편히 잠드소서." 분향소 주변으로 크고 작은 현수막에 쓰인 글귀가 내 가슴을 더욱 여미게 하였다. 참배객들은 어린 영혼들이 저 세상에서 평안하고 행복하기를 바라는 한마음으로 자신들의 순서를 기다리고 있었다. 모두들 눈물이 흘러내릴까봐 약속이나 한 듯 아무런 말도 하지 못했다. 산 자들은 죽은 자에게 영혼이 있다고, 그 영혼이 지금 이 자리에 자기들과 함께 있다고 믿는다.

그저께는 배에서 구조되어 병원에서 치료를 받고 퇴원한 학생들이 이곳을 찾았다고 한다. 그들은 친구들의 영정 앞에서 한없이 눈물을 흘렸고, 함께 탈출하지 못하고 자기들만 살아 돌아온 것에 큰 죄책감을 갖는다고 하였다.

근조 리본을 달고 분향소 안으로 들어가 수많은 영정들 앞에 서니 갑자기 눈앞이 흐릿해지고 가슴이 메어졌다. 국화꽃 속에 잠들어 있는 영정들 양쪽으로 크고 선명한 빛깔의 노란색 리본이 달려 있었다. 노란 리본은 살아서 돌아오기를 바라는 소망의 상징이라고 한다. 그 유래는 분명하지 않지만, 오래전 미국에서 전쟁에 나간 병사가 무사히 돌아오기를 기원하며 나무에 노란 리본을 달았던 풍습이 있었다. 그 후 한 남자가 뉴욕의 한 교도소에 수감해 있던 중에, 그의 부인에게 편지로 자기를 기다려 줄 수 있다면 집 마당에 있는 참나무에 노란 리본을 달아 달라고 한 사연이 노래로 불려 더욱 퍼졌다고 한다.

며칠 전 서해 바다에 침몰한 세월호와 함께 우리들의 자존심과 도덕적 양심도 함께 침몰했다. 정부에 대한 신뢰가 떨어졌고, 국가의 위신도 같이 하락했다. 무엇보다도 안타까운 것은 우리들 스스로가 무력감으로 절망을 느끼게 된 것이리라.

독일의 사회학자인 울리히 벡(Ulrich Beck)은 인류가 추구해 온 산업화 과정에서 생겨난 '위험'이 현대 사회를 위기로 몰아넣고 있다고 주장한다. 이러한 비정상적이고 왜곡된 발전이 우리 사회에 뿌리박힌 부조리와 안전에 대한 망각 증세가 서로 만나 이렇게 엄청난 사고로 이어지게 되는 것이다.

우리 사회는 이번 참사를 한 단계 도약하는 계기로 삼아야 한다. 이 일로 불거진 모든 병폐는 우리들의 자화상에서 비롯된 것이 아닌가. 이제는 다른 사람을 탓하기 전에 나 자신을 돌아보아 양심에 거리낌이 없는지 통렬히 반성해야 할 때이다. 비방과 좌절보다는 서로를 위로하고 격려하면서 좋은 세상을 만들어 아까운 영혼들에 대한 미안함을 덜어야 한다. 이 모든 것은 산 자의 몫이다.

나는 영정 속의 어린 학생들을 올려다보며 그들이 바다 속에서 살기 위해 안간힘을 쓰는 모습이 생각나 가슴이 아려 왔다. 그동안 무엇을 하고 있었느냐고, 어쩌면 그리 무능하고 무심했느냐고 아우성치고 있는 듯했다. 초롱초롱한 눈망울을 차마 더 이상 바라보지 못하고 나도 모르게 허공을 쳐다보고 있었다. 그 예쁘고 순박한 모습들은 이제 이 세상에 없다.

그들을 이대로 두고 떠나기가 아쉬워 학교로 가 보았다. 담벼락은 수많은 기도와 염원으로 가득하였다. 안타까운 사연들이 노랑 분홍 하얀색 쪽지를 메우고 있었다. "살아서 돌아와요. 많이 춥지, 내가 안아 줄게. 사랑해요. 미안해요." 나도 한 장 썼다. "부디 따뜻한 곳에서 평안하세요." 돌담 위로는 우유·초콜릿·빵·과자·음료수·컵라면들이 빼곡히 들어차 있었다. 그들이 바다 속에서 배고플까봐 추울까봐 차려 놓은 정성들이 눈물겹다.

학교 앞에 조그만 공원이 있는데, 사모지붕을 한 작은 정자가 하나 있고 그 옆에 풍차가 색동옷으로 단장을 하고 있었다. 여기서 뛰어놀던 학생들의 모습이 그려졌다. 그들의 싱그러운 입김이 내 주위를 맴돌았다. 나는 공원 벤치에 앉아 그들이 다니던 학교 교정을 하염없이 올려다보았다.

친구가 내게 카톡을 보내왔다. 거기에는 뜻밖에 노래가 한 곡 들어 있었다. "내 사진 앞에서 울지 마세요. 나 거기 없어요. 천 개의 바람이 되어 저 넓은 하늘 위로 자유롭게 날고 있죠. 아침에 종달새 되어, 밤에는 별이 되어 그대를 지켜줄게요." 죽은 자가 산 자를 위로하고, 슬픔이 재회의 기쁨으로 승화되는 순간이다.

그들은 소박하고 화사한 꽃으로 다시 피어나서, 학교 정문 앞 길가의 은빛 줄 위에 매달려 바람에 나부끼는 노란 리본들 너머로 돌아오고 있었다.

매화향기 속에서

　앞산에 뻐꾸기 소리가 바람 따라 날고 들꽃은 붉은 색과 노란색으로 길섶을 수놓았다. 도산서원의 봄은 산에 깃든 신록과 강물이 어우러져 한 폭의 동양화를 그려내고, 고즈넉하게 내려앉은 서당 고택에는 퇴계(退溪) 선생의 고결한 향기가 배어 있다.

　도산서원으로 가는 길에는 회양목이 단정하게 줄을 지어 서 있고, 산으로 올라가는 나무 계단 양편으로 소나무가 사방으로 늘어서 오가는 이들을 반긴다. 서당 앞으로 낙동강 줄기가 큰 원을 그리며 소리도 없이 지나가는데, 간혹 불어오는 바람에 잠시 물결만 일 뿐 강물은 무심하게 오수(午睡)를 즐기고 있나 보다.

　서원 앞마당에는 왕버들 두 그루가 사이좋게 마주하고 있다.

자신의 온몸을 용틀임하면서 굴곡의 세월을 그려내고 가지마다 잎이 무성하여 왕성한 생명력을 보여준다. 선생께서 생전에 일구어 내신 만대에 길이 빛나는 업적이 현세에까지 이어져 내려온 것 같다. 큰 가지 한쪽이 길게 늘어져 턱을 고이고 있는데, 그 끝이 하늘로 향해 또 다른 나무 송이를 이루고 있어 마치 선생의 인품을 물려받은 수제자의 모습이다.

서당 고택의 담장 아래에 선생께서 손수 파 놓으신 우물인 몽천(蒙泉)이 한눈에 들어오고, 사립문을 지나 안으로 들어가니 정우당(淨友塘)이란 연못에 소복이 자란 연잎의 초록빛이 내 마음을 맑고 깨끗하게 해준다. 도산서당은 방 하나에 널찍한 마루가 붙어 있는 조그만 집으로, 선생의 소박한 인품이 한눈에 엿보인다. 서당 마루에 걸터앉아 있으니 뒤편 쪽문 사이로 한 줄기 바람이 불어와 봄이 가는 아쉬움을 달래주고, 방에서 흘러나오는 선생의 주옥같은 가르침이 내 귓전에 들려오는 것 같아 나도 모르게 옷깃을 여민다.

서당 옆으로 나 있는 담 너머 화단에는 매화나무 예닐곱 그루가 자라고 있다. 또 서당 반대편 대문으로 나가 보니 거기에도 매화나무 두 그루가 화사한 매화꽃을 피우며 나란히 서 있는 게 아닌가. 그윽한 매화향기가 뜰 안에 가득하니 선생의 깊은 지성과 높은 절개를 가까이서 보는 듯하다. 선생께서 서거하기 직전까지 자신의 곁에 두고 각별히 아끼시던 것이 바로 화분에 심은 매화나무 한 그루라고 하지 않던가. 혹 그 매화의 씨앗이 대를 이어 심어져 지금 여기서 자라는 것이라 한다면 너무 비약된 상상일까.

선생의 높으신 인품과 곧은 절개는 〈도산십이곡〉의 언학(言學) 5수에서 그 진수가 나타난다.

> 푸른 산은 어찌하여 영원히 푸르르며
> 흐르는 물은 어찌하여 밤낮으로 그치지 않는가
> 우리도 그치지 말아서 언제나 푸르게 살아가리라

도산서당을 나와서 서원 앞마당에 다시 서니 강 너머 언덕 위에 시사단(試士壇)이 나를 기다리고 있다. 정조 임금이 퇴계 선생의 학덕을 기리기 위해 지방 선비들에게 과거 시험을 보인 곳이다. 나도 이제 선생의 가르침을 새기면서 시험에 응시해 나의 지식을 뽐내볼까 하는 용기가 생긴다.

선생의 기본 사상은 주리론(主理論)으로 이(理)가 기(氣)를 움직인다고 했다. 이(理)는 남을 소중히 여기며 양보하고 부끄러워할 줄 아는 인간 본연의 마음으로서, 사람들은 즐거워하거나 미워하고 슬퍼하는 기질인 기(氣)를 잘 다스려 바르고 순리대로 살아가야 한다고 가르치고 있다. 이 얼마나 깊은 성찰인가. 생존 경쟁에 시달리며 자신의 영달을 위해 동분서주하다가, 한 가지를 얻으면 쉽게 기뻐하고 다른 한 가지를 놓치면 낙담하고 남을 미워하는 우리들의 경솔함을 경계하는 교훈인 듯하다.

문득 강둑 너머로 내려가는 나무 계단 길이 보인다. 혹시 선생의 발자취가 숨어 있지 않을까 하는 호기심으로 길을 따라 한참을 가다 보니 고즈넉한 터가 자리 잡고 있다. 천연대(天淵臺)다. 선생께서 산책을 하며 자연의 이치를 깨우치고 심신을 수양하시던 곳이다. 선생의 교육관과 사상의 큰 줄기가 이곳에서 깊어지고 정리되어진 것이리라. 항상 마음가짐을 신중히 하고 아는 것을 그대로 실천하라는 선생의 가르침을 되새겨 본다.

떠나가는 길에 잠시 벤치에 앉아 강을 바라보고 있으니 강물은 아직도 잔잔한 호수같이 잔물결만 일고 있다. 아! 여기가 바로 명경지수(明鏡止水)가 아닌가. 건너편 산기슭을 돌아 흐르는 강물이 산의 모습을 있는 그대로 비추고 있다. 선생의 깊은 인격과 학문의 경지를 저 강물은 지금 이 순간에도 거울 같은 마음으로 흠모하며 바라보고 있는 것이다.

서당을 뒤로하고 밖으로 향하는 길로 들어서니 매화향기가 바람을 타고 날아와 나를 배웅해 준다.

회장님 오신 날

편백나무로 둘러싸인 넓은 방은 찾아온 사람들로 발 디딜 틈이 없다. 노래방 기기에서 〈내 나이가 어때서〉의 전주곡이 흘러나오고 회장님의 선창으로 노래가 시작된다.

"야야야 내 나이가 어때서 사랑에 나이가 있나요. … 세월아 비켜라. … 사랑하기 딱 좋은 나인데."

노래가 흘러갈수록 흥겨움은 더하고 모두들 목청이 터져라 소리를 질러댄다. 큰 소리로 노래를 부르면 젊어지는 기분이 들고, 그만큼 더 건강해질 수 있다는 확신을 가지고 있는 듯하다. 어느새 방 안에 있는 모든 참석자들이 회장님과 온통 하나가 된다.

나는 요즘 집에서 멀리 떨어진 곳에 있는 재활센터로 치료를 받으러 다닌다. 늦은 저녁 시간에 산책을 하다가 높은 계단에서 발을 헛디뎌 발목을 삐었는데, 아픈 것이 꽤 오래 가고 있다. 그날은 센터를 설립한 회사의 회장님이 오신다고 해서, 건강 상담을 받거나 치료하는 방법을 알아보기 위해 이른 아침부터 많은 회원들이 찾아온 것이다.

 센터에는 허리 어깨 무릎이 아프거나 장기가 약한 사람, 성인병이 있거나 노환으로 고생하는 분들이 고주파 치료나 자연석 열 치료를 받느라 분주하다. 그들을 향해 앞으로 있을 장수 시대를 준비해야 한다고 힘주어 말하는 회장님은 건장한 풍채에 걸맞게 특유한 웃음을 짓고 목소리는 실내가 떠나갈 듯 쩌렁거린다. 건강하면 행복해지고 자녀들에게 짐을 지우지 않아서 좋다고도 한다. 참석자 대부분이 연로하지만 건강한 삶을 위해 자신의 몸을 보살피려는 모습이 진지하다.

 치료를 받는 동안 옆에 있는 사람들과 담소를 나누는 재미도 쏠쏠하다. 치료를 받으면서 몸이 좋아졌다는 이야기도 하고 나름대로 터득한 건강관리 비법도 가르쳐 준다. 어느새 오랜 친구라도 된 듯 허물이 없다. 때로는 숨기고 싶은 가족 이야기도 털어 놓고, 몸에 좋은 음식에 대한 정보를 나누기도 한다.

 치료를 받으러 갈 때는 대개 편리한 지하철을 탄다. 하루는 지하철의 객차에 올라서니 자리에 앉아 있던 노인 한 분이 나를 유심히 쳐다보면서 "나 담에 내려요." 하신다. 내가 다리를 절룩거리며 들어서는 모습이 안쓰러웠나 보다.

다리를 다치고 나서부터는 외출을 할 때 천천히 걷다 보니 사람들이 살아가는 모습이 제대로 보인다. 몸이 성할 때는 무심히 지나치던 사람들의 표정과 옷차림새를 이제는 자세히 살펴보는 여유가 생긴 것이다. 움직이는 속도가 느려진 만큼 내가 볼 수 있는 세상도 한층 더 넓고 깊어졌다.

나는 지하철을 오르내릴 때는 엘리베이터를 자주 이용하면서 같이 타는 사람들을 유심히 쳐다보곤 한다. 아기를 업고 있는 여인, 휠체어를 타고 있는 장애인, 허리가 아프거나 구부러져 걷기가 불편한 사람, 무거운 짐을 지고 가는 장사꾼들…. 하루의 고된 일과로 피로에 지치거나 급한 일이 있는 듯한 사람들도 간혹 보인다. 주변에 나보다 힘들고 어려운 사람들이 이처럼 많은데, 나는 그동안 어떤 모습을 하면서 살아왔던가. 몸이나 마음이 조금만 불편하고 아프면 세상에 힘든 일은 내가 다 겪고 있는 것처럼 엄살을 부리기도 하지 않았던가.

오랜 세월 나는 두 발을 잠시도 쉬지 않고 사용했다. 최근에는 건강을 위해 좋은 공기를 마시고 면역력을 키운다는 일념으로 산으로 들로 많이도 쏘다녔고, 여행을 가면 행선지에 도착하여 제일 먼저 하는 일이 가까운 산책로를 찾아 나서곤 했다. 그러던 중

나도 모르게 두 발은 헤지고 부르트면서 인고의 세월을 무던히도 참고 견뎠다. 그런 다리가 고마움을 모른 채 무심하던 나에게 이제 반항을 하려고 한다.

오늘도 다리를 절룩거리며 지하철 엘리베이터 문 앞에 서 있으니 먼저 타고 있던 할머니 한 분이 뒤로 물러서며 "어서 타세요." 하며 자리를 내어준다. 그분도 몸이 불편하여 다니기 힘들 텐데, 상대방의 아픔을 헤아려 주는 모습에 가슴이 뭉클해졌다.

다리가 불편하고 몸이 아프다 보니 건강의 소중함을 절실히 느낀다. 내가 아파봐야 상대의 아픔을 이해할 수 있다지 않는가. 얼마 전 미국의 조지 부시 전 대통령은 자신의 경호원의 아들이 백혈병을 앓으면서 머리를 밀게 되자, 자신의 머리도 하얗게 밀었다고 한다. 그는 사랑하는 사람들과 고통을 함께 나누면서 그들에게 혼자가 아니라는 메시지를 전해 주고 있었다. 주위에서 힘들게 살아가는 사람들의 아픔을 내 몸처럼 느끼고 사랑할 수 있다면 우리의 삶이 얼마나 값지겠는가.

비록 몸은 불편해도 세상 사람들이 나와 함께하기에 오늘도 집으로 돌아오는 발걸음이 가볍다. 천천히 걷는 이 시간들이 소중하게 느껴지는 순간이다. 병을 가진 사람들이 건강을 회복하여 모두가 행복해지기를 바라는 회장님을 따라 나도 같은 소망을 가져 본다.

이방인

　강원도 속초의 한 콘도에서 여름휴가를 보냈다. 내가 묵은 일층 방에서 밤하늘을 보고 싶어 발코니로 나오니 앞뜰에 사람들이 마주 앉아 두런거리고 있었다. 문득 그들이 나와는 아무런 상관이 없는 사람들이라는 생각이 들자, 그 자리에 서 있는 내가 무척 어색하고 낯설었다. 그들은 너무나 가까운 곳에 있으면서도 나와는 다른 세상에서 살아가는 사람들 같았다.

　성녀 테레사는 "삶은 낯선 여인숙에서의 하룻밤과 같다."고 했다. 어떤 이는 이 말이, 사람은 이 세상에 나그네로 와서 하룻밤을 지내다 가는 '인생무상'을 뜻한다고 주장한다. 하지만 나는 그 말 중에 '낯설다'는 단어에 의미를 두고 싶다.

소설가 공지영은 소설 한 편을 탈고하고 나서 떠난 여행 중에 스페인 아빌라의 한 호텔에 묵었다. 그녀는 상점 문이 닫힌 거리를 헤매면서 겨우 포도주 한 병을 사서 안주도 없이 마시고 잠자리에 들었다가 한밤중에 깨어난다. 그때 창밖에서 불어오는 차고 거친 가을바람소리를 들으며 불현듯 테레사 수녀의 말을 기억해내고 그 의미를 깨달았다고 고백하고 있다.

  테레사 수녀의 그 글귀는 이백(李白)의 "온 세상은 만물이 쉬어가는 여관이고, 세월은 영원한 시간 속의 길손이다(天地者萬物之逆旅 光陰者百代之過客)."라는 말과 맥을 같이 하는 듯하다. 두 글 모두 사람은 이 세상에서 낯선 손님이나 '이방인'으로 살아간다는 것을 의미하는 것이리라. 이방인이란 사전적으로는 다른 나라 사람을 뜻하지만, 흔히 사회의 주류 집단과 생각이나 문화적 가치가 다른 사람을 지칭한다.

  프랑스의 실존주의 작가인 까뮈는 소설 ≪이방인≫에서 개인과 사회의 부조리와 이에 대한 반항을 탐구하며 인간의 실존을 찾고자 했다. 주인공 뫼르소는 현실에서 철저히 소외된 채 살아가다가 우발적인 살인을 저지른 후 사회로부터 이방인 취급을 받으며 죽음을 맞게 된다. 싫지만 현실을 따르는 거짓된 태도를 버리고 진실을 위해서는 죽음도 마다하지 않는 뫼르소를 통해 까뮈는 주어진 굴레에서 자유롭고 싶은 인간상을 그리고 있다.

나는 이 소설을 읽으면서 우리들이 바로 이방인이라는 생각을 떨쳐 버릴 수 없었다. 처음 이 책을 읽던 학창 시절에는 부조리에 대한 저항을 통해 인간의 실존을 찾으려는 철학적 관점에 매료되었다. 그러나 세월이 지난 지금은 주인공 뫼르소가 바로 이 시대를 살아가는 현대인의 실상을 그대로 보여주고 있다는 생각을 하게 되었다. 현실에 적응하지 못하는 뫼르소와 같은 인간형이 이방인이 아니라, 자신의 참된 자아를 감추고 위선적인 삶을 살아가는 현대인들이 바로 이방인이 아닐까.

사람은 대부분의 시간을 스스로가 만든 가면 속에서 살아간다. 자기 자신에게도 솔직하지 못한 경우가 많다. 때로는 그것이 지극히 자연스럽고 정상적인 삶이라 여기기도 한다. 이것이 실존을 추구하는 까뮈의 시각에서 보면 너무나 부조리한 삶일 게다. 인간은 사회에 순응하면서, 두렵고 약하고 보잘것없는 자신의 진실을 가면 속에 구겨 넣고 용감하고 유능한 것처럼 보여야 생존할 수 있는 거짓된 세상에 살고 있는 것이다.

사람들의 선택과 판단은 흔히 개인으로서 '나' 혹은 같은 생각과 이해관계를 가진 집단으로서의 '우리'가 정한 나름의 가치와 기준에 따라 이루어진다. 흔히 사람들은 그 기준에 맞지 않는 현상이나 태도를 과감히 배격하거나 무시해 버리곤 한다. 이것이 까뮈가 탐구하려는 부조리의 한 단면일 수 있다.

사회가 요구하는 인간형이나 주류에 속하는 사람들의 생각과 맞지 않는다고 억압하고 무시한다면 우리 사회는 수많은 이방인을 만들어내고, 또 그들도 자신이 모르는 사이에 이방인으로 전락하게 된다. 우리 스스로가 실존적 인간형을 추구하며, 남을 의식하지 않고 나 자신에게 솔직하고 내가 좋아하는 삶을 살겠다는 열정을 가진다면 우리는 결국 모두가 이방인일 수밖에 없는 것이리라.

혼자라도 좋다. 나 자신에게 충실한 이방인이 되자. 아무 거리낌도 없이 내가 옳다고 생각하는 것을 실천하는 그런 인생을 살아보자. 어느 누가 이방인을 판단하는 정당성을 가질 수 있고, 어떤 기준과 가치로 이방인의 경계를 정할 수 있겠는가. 내 얼굴의 가면을 벗으면 나도 또 한 사람의 이방인이 될 바에는 도리어 솔직해지는 게 나을지도 모를 일이다.

그날 밤 나는 발코니에서 내가 차라리 그들의 이방인이길 바라는 마음으로 낯선 사람들 앞에 한참을 서 있었다. 어쩌면 우리는 서로가 서로에게 이방인일 수 있을 테니까.

내가 묵은 그 방이 그날따라 낯설게 느껴졌다.

붉은 사과

어린 시절, 우리 집에 과수원이 있었다. 과수원에는 낙동강 강변의 모래밭을 따라 제법 많은 사과나무들이 심어져 있었는데, 우리 식구들은 가을이 되면 사과밭에서 따온 사과를 집 마당에 있는 창고에 넣어 두고 겨울 방학이 끝날 때까지 꺼내 먹었다.

나는 어머니를 따라 과수원에 자주 다녔다. 그럴 때면 어머니는 언제나 벌레가 파먹거나 흠집이 생긴 사과만 한 광주리 따서 머리에 이고 집으로 향하셨다. 나는 그런 모습이 불만스러워 투정을 부리곤 했다.

"왜 좋은 사과는 다 냅 뚜고 맨날 안 좋은 거만 가주고 가노."

"잘 생긴 놈은 더 오래 나 또야 한데이."

어머니는 웃으면서 대답하셨다. 그때는 어머니의 그 말씀이 무슨 뜻인지 알지 못했다. 지금 생각하면 벌레가 먹거나 흉터가 있는 사과는 솎아내고, 흠 없이 잘 자란 사과를 햇볕에 더 많이 쪼이게 하려고 그러셨나 보다.

과수원에서 어머니를 따라 집으로 돌아오는 길은 몹시도 멀었다. 과수원 울타리를 돌아서 산을 넘은 지도 한참 된 것 같은데 아직 동네 어귀도 보이지 않는다. 앞서 가는 어머니는 그저 앞만 보고 가신다. 내가 다리가 아프다고 보채면 어머니는 "우리 싰따갈래?" 하면서 광주리를 내려놓고 그중에서 제일 성한 사과 하나를 골라 나에게 건네주셨다. 아침 햇볕을 덜 받은 탓인지 떫고 새큼한 맛이 났다.

지난해 가을, 일이 있어 시골집에 잠시 머물고 있을 때였다. 그날따라 햇살이 유난히 따사로웠다. 마을 뒷산으로 가는 오솔길을 따라 산책을 하다가 무심결에 길 한쪽으로 나 있는 사과 농원을 올려다보았다. 나무에는 붉은 사과가 주렁주렁 달려 있어 제법 탐스러워 보였다.

그 농원에 있는 사과는 여름 내내 뜨거운 햇볕에 쪼이고서도 아직도 모자라 가을 햇살을 온몸으로 맞이하고 있었다. 자신의 깊숙한 곳까지 단맛이 스며들게 하려는 것이리라. 그 옛날 어머니가 내게 가르쳐 주셨듯이, 자기 스스로 성숙되기를 기다릴 줄 아는 인내심을 사과나무는 또 다른 장소에서 보여 주고 있었다.

산책길에 그 사과 농원 앞을 또 지나게 되었다. 그날따라 사과 열매가 알알이 들어차 바람이 불 때마다 가지가 흔들리는 모습이 무척이나 힘들어 보였다. 나는 사과나무 사이를 들여다보다가 문득 그 안쪽의 분위기를 느껴보고 싶어졌다. 생각보다 따뜻하고 싱그러운 기운이 나를 감쌌다. 거기는 하루 종일 뜨거운 햇볕을 받아 후끈거리는 열기를 이용해서 사과의 맛을 내는 삶의 현장이었다. 그 속에서 한참을 서성이다 보니 나의 몸과 마음도 사과처럼 붉게 익어가는 듯했다. 불현듯 어린 시절 사과나무 아래서 재미있게 뛰어 놀던 추억이 사과 향기에 묻어 코끝을 스쳤다.

사과나무는 묘목을 심은 뒤에도 십여 년은 지나야 열매가 열린다. 농부는 어린 자녀를 키우듯이 사랑으로 보살피고 사과나무와 함께 인고(忍苦)의 세월을 기다려야만 한다. 겨울에 나오는 부사(富士)는 서리를 맞고 나서야 제 맛이 난다. 같은 크기라도 무거울수록 잘 익은 것이고, 잘 익은 사과가 더 좋은 향기를 낸다. 사람도 마찬가지가 아닌가. 갖은 고통과 역경을 이겨내고 나서 인생의 깊이를 깨달은 사람일수록 그윽한 향기가 나는 법이다.

사람들은 목표를 향해 앞만 보고 가다간 자칫 자신의 부족한 부분을 모른 채 지나치기 십상이다. 설령 알고 있더라도 반성을 하거나 더 나아지려고 노력도 해 보지 않고 좋은 결과를 얻기에 성급하기만 하다. 누가 자신의 잘못을 지적이라도 하면 도리어 그 사람을 원망하거나 외면한다. 요즘과 같이 지역의 일꾼을 뽑는 선거철이 되면 자신의 업적과 경력만을 내세우는 선량 후보들이 설익은 풋사과의 모습으로 내게 다가온다. 하워드 위트만은 "인생은 기다리는 시간들로 이루어져 있다."고 했다. 기다리면서 새로운 소망을 가져볼 수 있고, 기다릴수록 더욱 성숙해지는 것이리라.

  며칠 전 사과 농원에 다시 가 보았다. 농부들은 부지런히 사과를 따고 있었고, 빨갛게 익은 사과가 궤짝에 한가득씩 담겨지고 있었다. 이제 추수가 되어 시장으로 나가려나 보다. 사과가 붉은색을 띤 지 오랜 시간이 지났는데 그동안 잘도 참아냈다.
  저녁노을에 반사되어 온몸이 붉게 물든 채 나는 한참을 거기에 서 있었다.

시간 여행

　동유럽으로 여행을 떠났다. 인류 문명에서 흥망성쇠의 변화가 가장 심하던 중세의 모습이 고스란히 살아 숨 쉬는 곳이다. 십년만 해도 너무나 달라지는 세상인데, 나는 수백 년 전의 역사 속으로 돌아간 것이다.

　단체 관광객을 실은 버스는 헝가리에서 슬로바키아 타트라 산맥의 고즈넉한 산길을 힘겹게 오르고 있다. 버스 안에는 영화 ≪글루미 선데이≫가 상영 중이다. 부다페스트를 배경으로 연인들의 슬픈 사랑을 그리고 있는데, 배경 음악으로 흘러나오는 피아노 소리가 그윽하고 감미롭다. 이 영화를 볼 수 있는 행운은 고색창연하고 아름다운 도시를 떠나는 여행객들의 서운함을 달래주려는 관광 안내원의 배려인 듯하다. 왕조 시대의 찬란했던 문화를 그대로 간직한 부다페스트의 모습이 사진과 영상으로 재연되어 나의 기억 속에 파노라마처럼 지나간다.

오스트리아 비엔나에서 부다페스트로 들어간 날은 여름 날씨답게 제법 무더웠다. 우리 일행이 저녁 식사를 하러 찾아간 식당은 한쪽으로 무대가 있고 그 앞마당에 식탁들이 가지런히 놓여 있어 중세풍을 그대로 간직한 곳이었다. 식사를 하던 중에 식당에 전속된 실내악단의 연주가 시작되었다. 그들은 현악기와 클라리넷의 협주로 〈헝가리 무곡〉을 연주하고 나더니, 우리가 있는 식탁으로 다가와서는 〈도라지 타령〉을 능숙한 솜씨로 연주하는 게 아닌가. 이국땅에서 우리의 가락을 들을 수 있다니, 내가 한국인이라는 자부심을 절실히 느낄 수 있는 순간이었다. 우리들은 뜻밖의 선물에 감동하여 흥겹게 박수로 화답하면서 잠시나마 여행의 피로를 풀 수 있었다.

다음 날 우리는 '겔레르트 언덕'에 올라가서 다뉴브 강을 사이에 두고 자리를 잡은 구시가지 '부다'와 신시가지인 '페스트' 지구를 한눈에 내려다보았다. 중세의 사원과 왕궁, 요새들로 조성된 부다 지구는 웅장한 국회의사당과 성당, 현란한 상점 거리로 이루어진 강 건너편의 신시가지와 신기할 정도로 완벽한 조화를 이루고 있었다. 노래 제목과 같이 '아름답고 푸른' 다뉴브 강은 옛 도시의 정취와 무척이나 잘 어울린다고 나는 생각했다. 이곳이야 말로 과거와 현재가 함께 어우러진 인류 역사의 현장이었다.

다음 날 아침 우리 일행은 유람선에 몸을 싣고 떠나는 아쉬움을 달래면서 카메라로 사진을 연신 찍어대고 있었다. 마치 타임머신을 타고 중세로 와서 저마다의 추억을 만들기 위해 서로 경쟁이나 하듯 분주한 모습이었다.

헝가리는 아시아 유목 민족인 마자르족이 다뉴브 강 유역에 정착하면서 세운 오랜 역사를 가진 나라이다. 헝가리 국민들은 마늘이나 고추를 특히 좋아하고, 성 다음에 이름을 쓰고 날짜를 연월 일의 순서로 쓰는 점이 우리와 닮았다고 한다. 부다페스트에 머무르는 동안 내내 편안하고 유쾌한 기분이 들었던 것이 그 때문이었나 보다. 부다페스트는 한때 파리에 버금가는 도시로 발전을 하였지만, 13세기 이후 몽고와 합스부르크 왕가, 구소련의 지배를 받아오면서 도시가 파괴되고 시달림을 많이 받았다. 그럼에도 최근 동구권 국가 중 가장 빠르게 변화하고 발전하면서 도시의 품격을 유지할 수 있었던 비결은 무엇일까. 그들만의 독특한 애국심과 오랜 전통에 대한 자부심이 국민들을 단결시키는 원동력이 되고 있는 것이리라.

타트라로 넘어가는 버스의 창 너머로 보이는 시골 경비행장 한쪽에 동네 잔치가 벌어지고 있다. 전통 의상을 입은 아이들이 무대 위에서 노래를 부르며 춤을 추고, 어른들도 무대 아래에서 박수로 흥겨움을 더해주고 있다. 중세가 현재에까지 살아서 움직이는 모습이다. 버스가 달리는 도로변에는 옥수수와 해바라기, 밀밭이 끝이 보이지 않는 황금물결을 이루며 파도처럼 너울거린다.

한참을 가다 보니 언덕 위에 세워진 성당 앞뜰에서 미사를 드리는 신도들의 모습이 보인다. 그들도 모두 간소한 전통 복장을 하고 있어 포근하고 친근한 느낌이 든다. 왜 성당 안으로 들어가지 않고 밖에 서 있을까. 늦게 와서 자리가 없는 탓일까, 아니면 하느님과 만나기 전에 그 거룩함에 최대한의 경건을 표시하기 위한 절차인가. 그들의 신앙생활의 현장을 바라보며 헝가리가 발전할 수 있는 이유 중에 하느님에 대한 깊은 사랑과 그들의 종교적인 전통을 더해 본다.

내가 부다페스트의 추억 속을 맴도는 사이에 버스는 타트라 산맥을 넘어 서서히 슬로바키아 국경으로 다가가고 있다. 영화는 어느덧 결말 부분으로 달려가고, 앞자리에 앉은 일행은 슬픈 영화의 줄거리에 깊이 매달려 있다. 공존의 삼각관계를 유지하려는 연인들 사이의 사랑 이야기가 중세와 현재를 조화롭게 이어가는 부다페스트의 매력을 더해주고 있음을 그들도 공감하고 있을까.

색의 향연

Chapter 5

색의 향연(饗宴)

강물

샘의 향기(香氣)

사중주곡(四重奏曲)

워낭 소리

사랑스러운 고리 아가야

무심(無心)의 삶

수필에 대하여

꽃잎 속에 잠든 여인

　수목원을 나서면서 나는 인간의 존귀하고 소중함을 새삼 깨닫는다. 사람들은 자칫 세상 풍파에 시달리다 자신의 존재 가치를 잊어버리며 살아간다. 하지만 한낱 보잘것없는 식물도 제각기 특유한 색깔과 모양을 내며 자신을 내보이는데, 하물며 그들을 가꾸고 보호해 주는 사람은 얼마나 대단한 존재인가.
　사람들이 스스로가 갖고 있는 개성과 장점을 찾아 그것을 가꾸고 지켜 나가는 모습을 나는 보고 싶다.

강물

　지난여름은 무더위를 피해 강원도 홍천의 깊은 산골에서 지냈다. 내가 묵고 있는 집 옆으로 강물이 푸른 산을 휘돌아 흐르고, 강가로는 향토 음식점과 황토방 펜션들이 조그만 마을을 이루며 나란히 줄지어 서 있는 모습이 퍽 다정스럽게 보인다.

　산에 우거진 신록이 강물의 정기를 받아 그 싱그러움이 예사롭지 않다. 소나무 떡갈나무 편백나무 자작나무들이 제각기 왕성한 자태를 뽐내고, 강 위쪽에서 줄달음질 쳐 내려오는 물줄기는 마을 앞에서 더욱 힘차다. 홍천의 내면과 인제의 기린에서 발원한 내린천(內麟川)의 지류가 오대산과 방태산의 산속 깊은 곳으로 흐르던 물을 모두 데리고 나와 세상 구경을 시켜 주려나 보다.

내가 사는 황토방의 주인집 부부는 오래전부터 식당을 운영하고 있다. 매년 봄철이면 강을 건너 산에 올라가 산나물과 약초를 한아름씩 캐서 씻고 다듬어 손님 밥상에 정성껏 올린다. 아궁이에 장작을 지펴 도토리묵과 순두부를 만들고, 장독에 된장과 간장을 한가득 담그고 따뜻한 햇볕 속에 익혀 토속적인 맛을 낸다. 장독대 옆에 걸려 있는 빨랫줄에는 농사꾼의 작업복이 바람을 따라 너울거린다. 그들도 강물과 더불어 살아가는 자연의 한 부분이다.

방 바로 아래로 흐르는 강 둔치에 조그만 탁자가 하나 놓여 있다. 아마 놀러 온 사람들이 음식을 나누어 먹고 잠시 쉬었다 가라고 집주인이 만들어 두었나 보다. 나는 강물이 보고 싶으면 언제든 강가로 산책을 나와 탁자에 누워 흐르는 물소리를 들으며 하늘을 쳐다보곤 한다.

새벽의 강물은 청명하다. 밤새 아무것도 닿지 않은 순결함을 간직한 채 자신의 원래 모습을 있는 그대로 보여 준다. 아침 해가 뜨면 은빛 색의 햇살이 물결 위에 부서지고, 한낮의 강물은 뜨거운 열정을 한아름 안고 더운 입김을 내뿜으며 힘차게 흐른다. 황혼이 지는 저녁 무렵이면 주황색 노을이 물결 속에서 잔주름이 인다.

달빛이 환하게 비치는 청청한 밤이면 강물 속에 달이 뜨고 별들도 강물 위로 내려앉는다. 강물은 별을 가슴에 품은 채 하늘로 날아오르고, 나도 강물 위에 비친 달빛에 내 마음을 싣고 작은 돛단배가 되어 별과 같이 흐른다. 멀리서 개 짖는 소리가 강물 위의 빈 공간을 채우려고 안간힘을 쓰고, 강물도 비어 있는 하늘을 향해 소리를 질러댄다.

강물은 자연의 거울이요 바라보는 사람의 얼굴이다. 마음이 순수하면 순수한 대로, 욕심이 있으면 그 욕심을 있는 그대로 비추어 준다. 강물을 바라보다 탐욕에 물든 내 마음이 들킨 듯 옷깃을 여미어 본다. 강물 위에서 자연과 하나가 되어 강물처럼 어느 것 하나 부끄럼 없는 순결한 마음을 간직하고 싶어진다.

강물은 어머니와 같다. 바위 위에서 안간힘을 쓰고 뿌리를 내리는 어린 소나무나 들풀에 하얀 물거품을 뿜어 생기를 불어주기도 하고, 마른 자갈밭도 푸른 물로 적셔 주며 지나간다. 모래 언덕 너머에 외롭게 고여 있는 웅덩이 물도 넓은 가슴에 품고 함께 달린다.

강물은 언제나 한 마음이다. 근원지가 다르다고 외면하지 않는다. 값진 것이나 하찮은 것이나 무엇이든 차별하지 않고 자기 품에 안아 준다. 그 줄기가 어디서 왔든 자신의 큰 그릇에 담고 함께 흐르다가 마침내 물줄기는 점점 더 힘차고 거침이 없어진다. 이 얼마나 당당하고 의연한 모습인가.

그런데 사람들은 어떤가. 자신이 옳다고 생각하는 대로 남들을 판단하고 정해진 잣대로 재어 보려고 한다. 그러다 마음에 차지 않으면 쉽게 멀리하거나 배척해 버린다. 그래서 인간은 항상 외롭다. 나도 예외는 아닌 듯싶다.

강물은 저 아래 바위가 아름다운 계곡을 따라 무심히 흘러가고 있다. 나는 지나가는 강물을 애석해하기보다 내 앞으로 다가오는 물살을 반가운 마음으로 맞이한다. 어제보다 더 나은 나를 발견하기 위해서다.

오늘도 흘러가는 강물 위로 내 마음을 비추어 본다. 강물에 비치는 하늘·구름·산·나무의 그림자 옆에 내가 서 있다. 물결에 흔들리며 강물을 따라 예전의 나도 함께 흘러간다. 자연과 더불어 살아가는 사람답게 나는 어느새 강물의 마음을 닮아 가고 있다.

색의 향연(饗宴)

 가평에 있는 수목원을 찾았다. 입구는 내방객들이 들고 온 형형색색의 우산과 그들이 입고 다니는 비옷들로 제법 분주하다. 새벽부터 내린 비가 조금씩 잦아들면서 수목원은 산뜻한 모습으로 손님을 맞이하고 있다.

 며칠 전부터 내린 비로 개울물이 불어 수목원의 밑자락을 휘돌아 흐른다. 산허리에 걸린 안개구름은 바람이 부는 대로 하늘을 거닐다가, 떠나기가 아쉬운 듯 목화송이 같은 하얀 몽우리를 맺었다. 그 아래로 병풍같이 펼쳐진 신록이 오고 가는 이들의 마음을 평안하게 감싸준다. 어느 한 폭의 산수화가 이같이 아름다울 수 있을까.

침엽수 정원은 초록색과 푸른색의 스펙트럼을 보여준다. 안으로 들어갈수록 신비스러운 동화의 나라에 온 듯하다. 측백나무 전나무 잣나무 소나무 편백나무가 길 양편으로 줄지어 서 있고, 오솔길 사이로는 은청색의 가문비나무가 나를 맞는다. 나무의 가지와 잎은 어느 것 하나 같은 색이 없는데, 순수한 자연의 색감을 그대로 간직하고 있어 더없이 싱그럽다. 안쪽에 세워진 팔각지붕을 한 정자의 마루에 올라앉으니 옆으로 개울물 소리가 한층 요란하다. 나무들이 물소리를 들으며 생기를 더 찾는 것 같다.

  하늘 정원은 두 갈래로 나 있는 길을 따라 조그마한 교회로 이어진다. 길 양쪽 화단에는 활짝 핀 백합꽃들이 간밤에 내린 빗물에 얼굴을 씻고 해맑은 모습으로 나를 쳐다본다. 하얀색 노란색 분홍색 주황색 붉은색을 띤 나비들이 하늘에서 내려앉아 군무(群舞)를 펼쳐 보이는 듯하다. 같은 백합 종류인데도 꽃잎마다 꽃술마다 색깔과 모양이 서로 다르다. 어떤 화가가 수채화용 물감에서 이 같은 갖가지 색상을 만들어 낼 수 있을까.

  수목원 한가운데에 있는 하경 정원은 수많은 종류의 꽃과 나무로 가득하다. 마치 이 세상의 모든 식물들이 송이송이 모여 있는 듯하다. 숙근초(宿根草)와 일년초들이 한 귀퉁이씩 자리를 차지하고 앉아 비를 맞으며 잎사귀를 한들거린다. 조그만 동산에는 단풍나무와 소나무 아래에 맨드라미 황금회양목 카네이션 백묘국 참

나리들이 자기들만의 독특한 색깔과 모양을 하고 바람 속으로 향기를 내보인다.

비가 멈추고 햇살이 보이는가 싶더니, 어느새 하얀색 노란색과 얼룩무늬를 띤 나비들이 순서도 없이 날아온다. 보라색 수국과 분홍색 나리 꽃잎 위에 올라앉아 예쁘다고 속삭이다가 냉큼 다른 동산으로 날아간다. 그들을 따라가다 보니 갈색 띠를 두른 일벌 두 마리가 나비와 친구하여 다른 꽃잎 위에 사뿐히 내려앉는다. 나비가 있는 쪽으로 카메라를 들이대니 금방 나풀거리며 날갯짓을 하다가 바로 옆 꽃잎 속으로 가 자리를 잡는다. 한참을 찍고 있는데 다른 나비들도 한데 어우러져 춤을 춘다. 색깔이 움직이는 순간이다. 꽃과 나비와 벌이 만들어내는 색의 향연이다.

길 옆 잔디밭 사이로 버섯이 군락을 이루고 있다. 한 군데에는 옅은 갈색 무늬의 테두리를 두른 채 고깔 모양을 하고 옹기종기 모여 있는데, 가만히 다가가 보니 자루가 달린 초콜릿 과자 같다. 그 옆으로는 솜털 같은 노란색 갓을 머리에 인 가녀린 버섯들이 미색의 자루 위에 달려 바람에 흔들린다. 그중에 조금 더 자란 버섯은 마치 영국 왕실의 근위대가 모자를 쓰고 있는 듯 제법 의젓하다.

정원 안에 세워 둔 전망대에 오르니 수목원의 전경이 한눈에 들어온다. 조그만 꽃과 꽃잎들이 가물거려 분간이 가지는 않지만, 어느 한 곳도 무심히 지나칠 수 없는 자연의 신비로움을 보여 준다.

한참을 서 있다 보니 비옷을 입거나 우산을 쓴 일행이 내 앞을 지나간다. 우산이나 비옷도 꽃 색깔을 닮게 만들었나 보다. 또 다른 모습으로 색깔이 움직이고 있다. 색의 향연 속에 너무나 잘 어울리는 장면이다.

수목원을 나서면서 나는 인간의 존귀하고 소중함을 새삼 깨닫는다. 사람들은 자칫 세상 풍파에 시달리다 자신의 존재 가치를 잊어버리며 살아간다. 하지만 한낱 보잘것없는 식물도 제각기 특유한 색깔과 모양을 내며 자신을 내보이는데, 하물며 그들을 가꾸고 보호해 주는 사람은 얼마나 대단한 존재인가.

사람들이 스스로가 갖고 있는 개성과 장점을 찾아 그것을 가꾸고 지켜 나가는 모습을 나는 보고 싶다.

지족상락(知足常樂)

용문산 입구의 한 식당에 걸린 액자에서 옛사람들의 지혜를 보았다. '지족상락(知足常樂)', 만족할 줄 알면 항상 즐겁다. 주어진 여건에 부족함을 한탄하지 않고, 행복의 기준을 낮추어 삼시 세끼 거르지 않고 따뜻한 보금자리가 있는 것으로 만족한다면 세상에 부러울 게 없다는 뜻이리라.

노자는 ≪도덕경(道德經)≫에서 "탐욕보다 더 큰 죄악이 없고, 만족할 줄 모르는 것보다 더 큰 재앙이 없고, 욕망을 채우려는 것보다 더 큰 허물은 없다."고 했다. 모든 번뇌는 욕심에서 비롯되는 것이니 분에 넘치는 탐욕을 버리며 살라는 말이다. 남의 소유를 탐내지 않고, 내게 없는 것을 가지려 하지 않고 있는 것만으로 만족한다면 이것이 바로 지혜로운 삶의 태도가 아니겠는가.

그 액자 앞에 서 있다가 불현듯 친구 P가 생각났다. 지난해 정월 대보름날 P가 하늘에 보름달이 환하게 빛나 보기에 참 좋다고 하기에 내가 무엇을 빌었느냐고 그에게 물었더니 대답이 왔다. "내가 원하는 게 무엇인지 모르니 소원을 빌 수가 없다. 달님에게도, 하느님에게도." P의 말에 나는 한참을 생각했다. 자신이 원하는 게 무엇인지 진정 몰라서 한 말일까, 아니면 욕심이 있어도 이룰 수 없는 처지임을 깨달아서 그랬을까. 나는 P가 마음을 비우고 욕심을 내려놓아 모든 걸 만족하기 때문에 한 말인 줄로 믿고 싶었다.

나도 그런가? 나를 되돌아보았다. 아무런 부족함을 느끼지 않고 만족스럽지 못한 것이 무엇인지도 모른 채 오직 현재에 충실할 수 있는 삶, 나도 그런 삶을 살고 싶다는 생각을 해 보았다. 그날 P의 대답은 지금껏 나의 뇌리에서 떠날 줄 모른다.

나는 '소망이 있는 삶'과 '만족하며 사는 삶' 사이에서 방황을 해본 적이 있다. 어느 것이 더 바람직한가. 두 가지를 동시에 얻을 수는 없는 것인가.

소망은 '바라는 마음'이다. 무엇인가 지금보다 더 좋은 상태로 나아가고자 하는 것이다. 소망은 희망과 자신감을 가지게 하여 우리의 삶을 풍요롭게 한다. 우리에게 꿈을 꾸게 하고 어떤 행동으로 이끌어 그 꿈을 실현할 수 있게 도와준다. 소망이 이루어지려면 중도에 포기하지 말고 끊임없이 노력해야 한다. 그래서 소망의 반대는 절망이 아니라 더 나아짐에 대한 무관심과 게으름이요, 현실에 대한 체념이자 포기이다. 때로는 우리가 할 수 없는 일을 소망하기도 하지만, 소망이 있으면 더욱 재미있고 활기찬 삶을 살아갈 수 있다.

그러면 만족하는 삶이란 무엇인가. 만족이란 '흡족하거나 모자람이 없이 충분하고 넉넉한 마음의 상태'를 일컫는다. 사람들은 누구나 만족을 얻기 위해 살아간다. 문제는 그 만족의 수준과 마음가짐이다. 아무리 가진 것이 많아도 만족하지 못하면 불행하고, 비록 가진 것이 없어도 만족하면 행복해진다. 채근담에서도 "눈앞의 모든 일을 만족한 줄로 알고 보면 그것이 곧 선경이요, 만족할 줄 모르면 그것이 곧 속세이다(都來眼前事 知足者仙境 不知足者凡境)."고 했다.

내가 언젠가 P에게 "소망과 만족을 동시에 가질 수는 없을까?" 하고 물은 적이 있다. 그때 그는 현재에 안주하지 말고 두 가지를 함께 추구하며 살라고 말했다. 그러면서 "지금 내 앞에 피어 있는 꽃의 아름다움을 누리면서, 내일 더 예쁘게 필 것을 기대하고 소망하며 살아야지." 하고 말했다. 참으로 명쾌한 답이 아닌가.

우리나라의 '국민행복지수'가 세계에서 하위권에 속한다는 소식을 들었다. 이는 경제적 가치뿐 아니라 미래에 대한 기대와 자부심과 같은 인간의 행복과 삶의 질을 포함하는 지표인데, 우리나라 국민들이 느끼는 행복지수는 작년보다도 낮아졌고 OECD 국가들 중에도 가장 낮은 수준이라 밝혀졌다.

행복이란 웃음, 즐거움, 배움, 만족, 그리고 존중감에서 온다고 한다. 이 중에 다른 건 자신의 노력과 열정으로 이룰 수 있지만, 만족감은 사람의 마음과 함께 항상 움직이는 것이라 여간해서는 가지기 어렵다. 현실에 만족하지 않으면 또 다른 소망을 불러오고, 사람들은 그 소망을 성취하기 위해 끊임없이 동분서주한다. 나도 지난 세월 지금보다 더 잘되고 싶다는 욕심 때문에 한 가지 일을 성취하면 거기에 만족하지 않고 더 높은 소망을 가져 보았다. 그러면 행복은 항상 저 멀리 도망을 가서 나보고 빨리 오라고 재촉하곤 했다.

하지만 새로운 소망을 가진다고 행복하지 않다고 말할 수 있을까. 비록 어떤 일을 성취하지 못한다고 해서 실망하거나 슬퍼하지 않는다면 소망을 가진 만큼 우리들의 인생도 살 만한 가치가 있는 것이리라. 만족할 줄 알면서도 소망이 있는 삶, 그것이 바로 행복으로 가는 지름길이다. 행복은 어느 누구도 대신 가져다주지 않는다. 바로 우리들 자신이 만들어 가는 것이다.

워낭 소리

몇 해 전에 다큐멘터리 영화 ≪워낭 소리≫가 많은 사람들의 심금을 울린 적이 있다. 깊은 산골의 평범한 농부와 오랜 세월을 함께 지낸 소의 끈끈한 인연을 그린 영화다.

그 촌로는 평생을 농사일에 바치고, 소는 그의 육신을 떠받치며 서로 친구처럼 살았다. 다리에 철심을 박아 걷는 일조차 힘이 드는 노인과 제대로 서지도 못하는 늙은 소. 그래도 노인이 고삐를 잡으면 소는 짐을 잔뜩 실은 달구지를 끌고, 더운 여름날에도 절룩거리며 하루 종일 밭갈이 일을 묵묵히 해냈다.

그에게는 소가 일이고 일이 곧 소였다. 소는 노인이 살아가는 이유이자 생활의 길잡이였다. 소가 고개를 흔들 때마다 들리는 워낭의 댕그랑 소리에 노인은 졸리던 눈을 껌벅이고 까맣게 탄 팔뚝에는 힘이 솟았다. 워낭 소리가 그토록 위력이 있는 이유는 시골의 적막을 깨는 그 소리의 명쾌함 때문이기도 하지만, 그 둘이 한 몸이라는 명증(明證)이기도 하다.

　영화가 나온 후 노인의 근황을 어느 잡지에서 보았다. 그는 이전과 같이 농사꾼의 모습을 하고 있었다. 유명세가 그의 인생을 잠시 스쳐 갔지만 생활 방식은 하나도 달라진 것이 없었다. 그를 취재한 기자는 "아침 일찍 일어나 논에 나가 일하고 산에서 땔감을 줍고 저녁이 되면 소와 함께 집으로 돌아온다. 그의 거친 손마디와 … 손수 만든 나무 지팡이, 그 모든 것에는 역경을 극복하고 자연과 더불어 살아가는 그의 강인함이 묻어났다."고 회상하고 있다. 그는 진정한 영화의 주인공이었다.

　노인과 소를 함께 찍은 사진을 보았다. 그 둘은 사이좋게 한쪽 볼을 서로 맞대고 있었다. 눈꺼풀 아래로 흐릿한 눈망울이 보일 듯 말 듯 한데, 양쪽 이마의 주름은 깊고 선명하다. 갈매기 모양같이 미간 아래로 고부라져 길게 여섯 개나 나 있는데 그 위치도 똑같다. 어쩌면 그리 닮았을까. 평생 동안 농사일을 함께 하다 보니 서로의 마음이 통해서 그런가 보다.

　우리 곁에는 세상의 그늘에서 한마디 불평도 없이 주어진 일에 최선을 다하며 묵묵히 살아가는 사람들이 있다. 자녀를 사랑으로 품어 주는 어머니들, 가르침을 천직으로 알고 헌신하는 교사들, 세상을 깨끗하게 한다는 자부심을 가진 청소부들…. 어느 누가 그들의 일이 하찮다고 할 수 있겠는가. 돈이 많고 지위가 높다고 그들보다 더 나은 생활을 한다고 말할 수 있을까. 그들이야말로 세상의 어둠을 밝혀 주는 이 시대의 진정한 보배들이다.

　황혼이 깃든 내 어머니의 손등은 검게 그을린 피부 사이로 핏줄이 유난히 굵게 튀어나와 있었다. 우리 형제들을 키우느라 고생한 보람의 흔적이었다. 지금도 어머니가 나를 어루만지며 위로해 주시던 손길이 가슴속까지 따스하게 느껴진다. 그때 내가 어머니의 거친 두 손을 잡아주는 게 왜 그리 어렵고 쑥스러웠는지…. 그렇지만 어머니는 당신의 희생을 보답과 감사의 대상으로 여기지 않았고 하물며 노동의 대가를 바라지도 않았다.

　예전에 푸줏간에서 일하는 사람들은 천민에 속했지만 지금은 아무도 그들을 업신여기지 않는다. 그들의 수고로 맛있는 고기를 골라 먹을 수 있어 고맙고 정다운 정육점 주인일 뿐이다. 광대는 또 어떤가. 지금은 배우나 코미디언으로 불리는 그들이 보여 주는 혼신의 연기에 우리는 웃고 울고 때로는 깊은 감동을 받는다.

　미국 유학 시절, 내가 다니던 학교에는 청소를 하는 부부가 있었다. 그들은 휴일이면 언제나 교실 복도에 음악을 크게 틀어 놓고 청소에 열중하며 누가 왔다 가는지 관심조차 두지 않았다. 오직 자신들의 일에 보람과 즐거움이 있을 뿐이었다. 나는 그들의 모습을 보면서 청소하는 일을 하찮게 여기던 나의 생각이 부끄러워지곤 했다. 집 동네에서 잔디를 깎는 젊은 인부의 검게 그을린 얼굴과 허름한 작업복에서도 노동의 천국인 미국의 향기를 느낄 수 있었다.

 노동의 가치는 숫자로 표시하기에 적절하지 않을 때가 많다. 노동의 현장에서 번 돈으로 아픈 가족을 살리고 자녀를 훌륭하게 키울 수 있다면 그 값은 세상의 어느 것과도 비교할 수 없을 것이다. 그래서 직업에는 귀천이 없다고 하는지도 모른다.

 문득 지나온 인생을 돌이켜 본다. 오랜 세월 숱한 역경을 이겨내며 힘든 일도 많이 하고 나름대로 성과도 내어 보았지만, 영화의 그 노인과 청소부들만큼 값지고 보람 있는 인생이었다고 과연 자신 있게 말할 수 있을까.

 저 멀리 산속에서 워낭 소리가 들리는 듯하다. 아직은 나에게 이웃과 사회에서 해야 할 일이 남아 있음을 깨달으며 게으른 나의 육신을 일으켜 작지만 보람된 일을 찾아 길을 나선다.

사랑스러운 우리 아가야

 아가야, 사랑스러운 우리 아가야. 너를 본 지도 며칠 되지 않았는데 재롱이 넘치는 너의 모습이 눈에 아롱거린다. 지난달에 첫돌을 맞았으니 이 세상에 태어난 지 벌써 일 년이 지났구나. 너의 긴 인생길로 보면 참으로 짧은 기간이지만 나에게는 무척이나 행복하고 소중한 시간이었단다.
 네가 태어나던 때가 유월 중순이라 제법 더운 날씨였지만, 내 곁에 네가 있어서 더운 줄 모르고 마냥 즐겁기만 했었지. 그날따라 청명하고 파란 하늘에는 솜털 같은 뭉게구름이 하염없이 노닐고 있었단다. 그날은 내가 학교에 일이 있어 가보지 못했지만, 너의 할머니가 병원으로 꽃바구니를 한 아름 가져갔다는 소식을 듣고 내심 다행스럽게 생각했었다.

 내가 너를 처음 만난 건 네가 병원 신생아실에서 나와 산후조리원에서 지낼 때였다. 밖에서 잠시 기다리던 중에 네가 방에서 거실로 나왔다는 말을 듣고 안으로 들어가서 바구니에 담겨 생글거리는 너의 모습을 보고는 "귀하고 귀한 나의 공주야." 하고 소리를 질렀었지. 잠깐 동안의 만남이었지만 너무나 큰 감동으로 가슴이 벅차올랐단다.

 지난날을 돌아보면 너의 모습이 영화의 장면처럼 떠오른다. 금방 태어나 울면서 세상을 바라보던 때와 엄마 품에 안겨 젖을 먹을 때는 삶의 힘찬 시작을 볼 수 있고, 따뜻한 담요에 누워 자고 있는 모습에는 세상이 다 너의 것인 양 행복이 가득하다. 빨간 셔츠를 입고 할머니와 할아버지인 내게 번갈아 가며 안겨 있을 때는 우리 부부의 어여쁜 손녀인 게 분명하구나.

 일전에 네가 우리 집에 왔을 때 너의 어머니에게 말을 건네며 어딘가 손짓하는 모습에서는 너의 독특한 호기심을 볼 수 있었고, 그저께 저녁을 먹고 난 뒤 커피숍에서 너의 아버지 앞으로 아장아장 걸어갈 때는 새로운 도약과 성장이 예상되어 무척이나 행복했단다. 네가 좋아하는 쌀 과자를 먹다가 생긋이 웃으며 익살을 떠는 모습에서 우리들에게 기쁨을 주려는 너의 예쁜 마음을 엿볼 수 있어 참 좋았다.

아가야, 예쁜 우리 아가야. 네가 우리의 첫 손녀로 태어나서 감사하고 고맙기 그지없다. 모든 일에 최선을 다하면서 성실하고 애정이 넘치는 너의 아버지가 있어 든든하고, 예쁜 얼굴에 지혜와 용기가 넘치고 매사에 신중하면서, 특히 너에 대한 사랑이 각별한 너의 어머니를 닮을 수 있어 기대가 크단다.

네가 태어나서 손가락 발가락을 움직이다가 젖을 먹고 잠에서 깨어나 울고, 부모 품에 안기기도 하고, 장난감을 가지고 놀고, 누워서 사물을 관찰하고…. 그러다 치아가 자라기 시작하면서 밥도 조금씩 먹고, 혼자 일어나려고 다리에 힘을 쓰다가 어느새 걸음마를 배우고 있으니, 지난 일 년 동안 몰라보게 자란 네가 무척이나 대견스럽다. 이렇게 크다 보면 금세 뜀박질도 할 수 있을 테니, 푸른 잔디밭을 함박 웃으며 뛰어다니는 너의 모습을 상상하면 이 할아버지는 힘이 절로 난단다. 행복이 이런 것인가. 내 곁에 네가 있고 너의 재롱이 있어 이 할아버지의 몸과 마음은 날로 젊어지는 느낌이 든다.

너는 이제 한 달 조금 지나면 남동생을 보게 된단다. 지금 엄마 뱃속에서 잘 자라고 있는데, 지금 엄마 배가 산만큼 나와서 바깥을 다닐 때나 너를 챙겨줄 때 힘이 많이 든단다. 너도 궁금하지? 너의 동생이 어떻게 생겼을까, 너같이 예쁜 귀염둥이겠지? 동생을 안아주고 밥도 먹여 주는 누나 노릇 하기에는 아직 너무 어려서 많이 기대하기는 어렵겠구나.

훨훨 날아라, 아가야. 너의 지혜와 용기를 한데 모아 빛과 소금이 되어 좋은 세상에 숨은 일꾼으로 성장하여라. 너의 타고난 소질을 개발하여 많은 사람들에게 도움이 되는 소중한 사람이 되어라. 가정과 학교에서 배우고 익힌 대로 지식을 쌓고 지혜를 연마하여 너의 뜻을 바로 세워 힘차게 정진하여라. 살아가다 보면 이 세상은 참으로 복잡하여 어려운 고비가 많이 닥칠 것이나, 항상 기본에 충실하고 선한 기준과 가치를 세우고 지켜 나가면 너의 인생은 행복과 즐거움이 넘칠 것이다.

오늘 밤은 네가 유달리 보고 싶구나. 달빛이 환하여 오는 길을 밝게 비추니 잠시라도 할아버지 집에 왔다 가면 좋겠지만, 잠이 온다면 다음 날까지 기다려야겠구나.

좋은 꿈 꾸고 잘 자거라. 그리고 건강하게 자라서 예쁘고 귀한 어린이가 되어라.

무욕(無慾)의 삶

　월미도는 바다와 육지 사이에 있다. 바다를 향해 작은 손바닥을 내밀고 있는 모습이 섬 전체가 금방이라도 항해를 시작하려는 듯하다. 안개가 옅게 낀 선착장에는 수많은 갈매기가 분주히 날아다니고, 사람들은 해변을 산책하며 바다를 배경으로 사진 속에 자신의 모습을 담느라 분주하다.

　나는 육지보다 바다가 좋다. 바다를 바라보노라면 내 마음이 더없이 편안해진다. 바다는 육지에서 일어나는 세상 풍파에 시달리지 않아도 되고, 아무것도 상관하지 않고 저만치 홀로 지내도 나무라는 사람 하나 없다. 누워서 하늘을 쳐다보며 상념에 잠기기도 하고, 흘러가는 구름과 함께 노닐며 한나절 같이 있기만 하면

서로가 행복하다. 바람 따라 잔물결을 일으키고 파도를 쳐보면서 육지 사람들에게 자신이 여기 있다고 일깨워 주기도 한다.

바다는 아침이 되면 태양을 조금씩 밀어 올리며 온몸을 붉게 물들이고, 저녁에는 자신의 물살에 노을을 반사하다가 지는 해를 넓은 가슴으로 품어 준다. 사람들은 여유롭고 거침이 없는 바다가 좋아 그를 배경으로 노래도 하고 시를 쓴다. 어둠이 찾아와 달빛이 어스레히 비추면 바다는 지나온 추억 속에 잠기다가 단잠을 자며 먼 하늘에서 떨어지는 별똥별 꿈을 꾸기도 한다.

바다는 언제나 의연하고 담담하다. 태초부터 무한한 생명력을 가지고 있어 병도 없고 힘에 겨운 고통도 없다. 간혹 세찬 바람이 불고 해일이라도 일면 혼자서는 감당하지 못해 사나운 파도로 변해 바다 가까이 사는 사람들을 위협하기도 한다. 그렇지만 그때뿐이다. 시간이 지나면 본래의 평온한 모습으로 다시 돌아온다.

갈매기가 날면서 친구가 되어 주면 심심하지 않아서 좋다. 자기의 어깨와 가슴 위에 가벼운 몸짓으로 살랑살랑 잔물결을 일으키며 같이 놀아 주면 그것으로 족하다. 유람선이 다닐 때면 시원한 뱃길을 트면서 승객들에게 편안한 길동무가 되기도 한다. 바다는 오고 가는 뱃사람들이 제각기 살아가는 이야기를 육지에 남아 있는 사람들에게 전해 주고 또 전해 온다.

수평선 끝자락에는 먼 바다가 보일 듯 말 듯 하다. 사람들은 그쪽으로 실눈을 뜨고 바라보다가 두고 온 고향을 그리워하기도 하고 어디론가 훌쩍 떠나고 싶은 충동을 느끼기도 한다. 섬이 있어 물결이 돌아가지만, 섬과 섬 사이에 바다가 있어 모두가 한 몸이 된다. 바다를 통로로 서로 이어지고 이웃할 수 있다.

바다는 슬픈 사연을 가진 사람들을 푸근한 가슴으로 안아 주고 위로해 준다. 그들이 온갖 근심과 고통으로 밤을 하얗게 지새우는 동안에도 바다는 늘 자기 자리를 지키면서 평화로운 모습에 변함이 없다. 그래서 나는 바다에 오면 오랫동안 그의 곁에 머무르고 싶어진다.

바다는 무욕(無慾)의 철학을 온몸으로 실천한다. 바다는 수많은 생명체의 보금자리가 되어 자신의 넓은 품속에서 키워주고 번식시킨다. 그러면서 육지에 사는 사람처럼 무엇을 가지고 싶어 하지도 않고 더 많은 것을 채우려 하지도 않는다. 무엇인가 가득 담겨져 있을 것만 같지만 다른 것들을 한없이 채울 수 있는 성품을 지니고 있다.

나는 바다와 같이 여유로운 삶을 살고 싶다. 어디에 집착하지 않고 욕심이 없어 오직 가진 것에 만족하는 사람이 되고 싶다. 나와 다른 것들을 포용하고 이해할 수 있는 넓은 가슴을 가지고 싶다. 하지만 내가 하고 싶고 할 수 있는 일이 무엇인지를 깨달아 참 나를 발견하여 자유인으로 거듭나고 싶다면 이것 또한 욕심일까.

소니 브루어는 〈톨스토이 공원의 시인〉에서 자유와 평안을 주는 대자연의 위대함을 가르쳐 준다. 소설의 주인공은 모든 관념과 물질을 거부하고 '맨발의 성자'가 되어 순례자와 같은 무욕의 삶을 살아간다. 그는 폐결핵으로 시한부 인생을 선고받고 고향을 떠나 숲 속 오두막에서 밭을 일구며 무려 20년의 세월을 더 살았다. '월든 숲'의 헨리 데이비드 소로우와 같이 자연이 주는 평화로운 삶 속에서 무한한 행복을 느낄 수 있었던 것이다.

어느 성직자는 한 끼의 소박한 양식에도 감사하고, 심지어는 자신에게 닥치는 고난과 고통에도 감사하라고 했다. 아무런 수고도 하지 않고 작은 생명으로 태어나 평생을 살아가는 동안 나는 얼마나 많은 욕심을 채우려고 했던가. 한 송이 꽃을 꺾는 일조차 탐욕으로 부끄러워할 줄 아는 삶을 살아갈 수는 없을까.

나는 월미도 앞바다에서 한없는 자유를 느낀다. 내 영혼을 얽매던 욕심의 멍에를 훌훌 벗어 무욕의 바다로 띄워 보낸다.

수필에 대하여

　사람은 누구나 감정(感情)을 가지고 있다. 감정의 대상은 주로 자연의 생태나 인간의 삶과 관계되는 것으로, 사람은 그들에 대한 느낌을 밖으로 표현하고 싶은 욕망을 가진다. 살다 보면 견딜 수 없는 사무침으로 가슴 깊이 묻혀 있는 감정의 응어리를 풀어야 할 때도 있다.

　모든 인간은 이성과 감성의 존재로서, 이성은 사리를 판단하고 깨달음을 가지게 하지만 감성은 인간을 정신적으로 넉넉하고 자유롭게 한다. 일상에서 생기는 감정은 이러한 이성과 감성이라는 장치를 통해 여과되고 승화되기에 사람은 '인간다움'으로 발전할 수 있다.

이러한 감정은 호소하는 수단과 방법만 다를 뿐 다양한 예술적 방식으로 전달된다. 감정을 색으로 표현하는 것이 그림이고, 소리로 나타내면 그게 바로 음악이다. 시각적인 효과를 보이고 싶으면 조각이 되고 글로 표현하면 문학이 탄생한다. 문학은 서술하는 방식에 따라 다양한 장르로 구분되는데, 그중 수필은 일상의 체험에서 얻어지는 감정을 은유와 비유, 상상의 기법을 활용하여 표현하는 생활 문학이다.

수필은 생각이나 느낌을 문예적으로 형상화하는 과정을 거친다. 작가의 감동과 사유의 편린들이 목화에서 물레로 실을 뽑아내듯 한 가닥씩 세상에 모습을 드러낸다. 하얗게 나온 실이 직조공을 통해 씨실과 날실로 짜 맞혀져 옷감이 되고, 그 위에 장인(匠人)이 채색을 하고 갖가지 무늬를 입히는 것과 수필쓰기는 흡사하다. 수필가이자 평론가인 이정림 선생은 수필 〈민들레 씨앗〉에서 자신의 글을 우연히 읽게 된 어느 촌부로부터 글을 읽은 느낌을 써서 보낸 편지를 보고, 세상에 글을 내놓는다는 것을 마치 민들레 씨앗이 바람에 날려 한 곳에 뿌리를 내려 싹이 돋아나는 모습으로 형상화하였다.

수필은 통찰력의 산물이다. 우리 주변에서 흔히 발견되는 사물이나 현상에서 숨은 가치를 발견하고 거기에 의미를 부여하는 것이 수필이다. 우리나라 최초의 근대 수필가로 알려진 박지원은

≪열하일기≫에서 실학에 바탕을 둔 그의 통찰력을 유감없이 발휘했다. 중국의 한 지방 도시에 수레가 다니는 걸 보면서, 수레가 많을수록 도로망이 필요하게 되고 도로가 많이 생기면 사람이나 물품의 이동이 빨라져 경제 발전에 도움이 된다는 사실을 간파했다.

수필은 침잠(沈潛)하는 감정의 통로다. 수필을 쓰면서 그물 속에 갇힌 잠자리에게서 자비심을 느끼고 고등어가 되어 넓은 바다를 유영하는 상쾌함을 가진다. 때로는 어떤 일로 자신의 자존심에 상처를 받아 애통해하는 마음을 나타내기도 한다. 이방헌은 수필 〈명의의 실수〉에서 자신이 수술한 환자의 갑작스런 죽음에 유가족의 슬픔과 함께하며 느낀 감정을 이렇게 표현하고 있다.

　피식 새어나온 웃음이 허공으로 퍼졌다. 별도 없는 깜깜한 밤하늘이 무겁게 내려앉아 있었다. 허전한 가슴속으로 차가운 눈물 한 방울이 철렁 떨어졌다.

수필에서 글감을 잡을 때는 창공을 나는 새들의 조그만 손짓도 무심히 지나치지 않는다. 일상생활이나 사유의 과정에서 얻어지는 영감은 아무리 작은 것이라도 모두 소재로 삼을 수 있다. 그래서 수필은 생활이요 현실이다. 수필을 쓸 때 가장 고심하는 게 주제 선정이다. 이는 글을 쓰게 된 동기이며, 소재에서 얻어진 느낌을 모으고 의미화한 결과이다. 주제는 독자에게 제시하고자 하는 작가의 교훈이고 사상이다. 그래서 수필은 이상이고 실천이다.

> 지금도 그 긴 다리를 천천히 넘어오는 버스 속에는 어머니의 그림자가 남아 있는 것만 같다. (중략) 오늘도 욕망을 실은 버스가 다리 위를 지나고, 강물은 제행(諸行)을 쓸어 담고 유유히 흘러간다. 나는 지금 먼 타향에서 슬픈 감천강을 그리며 아무 소리도 내지 못하고 장승처럼 서 있다.
> ― 견일영, 〈감천강〉에서

글의 저자는 고향 집 앞의 강물을 소재로 삼아 어린 시절을 회상하며 어머니에 대한 그리움을 그려내고 있다.

그러면 수필을 쓰는 이유는 무엇인가. 자신을 위해서는 숨어 있는 참 나를 발견하고 세상과의 색다른 만남으로 삶의 깊이를 느낄 수 있고, 독자에게는 감동을 주고 세상을 밝고 아름답게 가꾸기 위함이다. 글을 탈고하고 나면 그 무엇과도 비교할 수 없는 자존감과 희열로 몇 날 며칠이고 행복하다. 남들이 높은 자리에 올라가고 돈을 많이 벌었다고 해도 세상 부러울 게 없다. 어느 방송국의 프로듀서는 자신에게 주어진 길이 작가가 되는 것이라는 확신이 서는 순간, 좋은 직장도 팽개치고 가난하고 힘든 길을 선택했다고 한다. 그 정도로 글을 쓰는 것은 가치 있는 일이다.

내가 좋아하는 사촌 형님이 한 분 계신다. 한밤중에 형님에게서 전화가 왔다. 무슨 일이 생겼나 싶어 걱정스럽게 받았더니, "문장가이셨던 너의 아버지를 닮아 글이 명쾌하고 담백하다. 너의 글을 읽으며 즐겁고 기쁜 마음에 오늘 술 한 잔 했다."고 말씀하셨다. 언젠가 그 형님께 내가 쓴 글 몇 편을 보내드린 적이 있다. 동생이 대견스러워 그런 말을 했겠지만 그래도 기분은 참 좋았다.

수필은 작가 혼자만의 만족을 위한다면 이미 문학이 아니다. 독자가 작가와 감정을 공유할 수 있을 때 좋은 수필이 된다. 그래서 수필은 소통과 공감의 문학임에 틀림없다.

꽃잎 속에 잠든 여인

　내 친구의 부인을 처음 만난 곳은 우리 전통 가구 전시장이었다. 거기에는 꽃으로 장식된 가구들이 나란히 정렬되어 있었고, 녹차 향기가 은은한 가야금 소리와 어우러져 주인의 단아함을 한층 돋보이게 하고 있었다.

　전시된 작품은 식탁 화장대 침대 소반과 같은 가구에 생화를 상감(象嵌)하는 기법으로 만들어진다고 그녀는 내게 소개했다. 먼저 원목 가구를 만들고 그 위에 국화무늬와 같은 전통 문양을 음각해서 꽃잎을 넣고 도장(塗裝)을 한다. 생화는 하얀 조팝꽃을 쓰는데, 꽃잎은 판타지아라는 물질에 물을 들이면 하얀색이 오방색으로 염색이 된다. 그러면 염색된 잎을 말려 조각한 무늬에 압화

(壓花)를 올리는 과정을 거친다. 꽃이 가구에 심어지는 것이다. 조팝꽃은 잎이 다섯 개로 벚꽃과 모양이 비슷하지만 벚꽃만큼 화려하지 않고 작고 귀여워 소박한 시골 새색시 같다. 조팝나무는 농촌 들판의 언덕길을 따라 군락을 이루고 해마다 사월이면 꽃길을 만들어 환하게 피어난다.

그 친구 부부는 오십 줄이 되어서야 서로 만났다. 친구는 젊은 나이에 독일에서 서양미술사를 전공하고 돌아와 미술관 큐레이터와 갤러리 관장을 지냈다. 그 부인은 미국에서 웨딩드레스 디자이너로 활동하던 중 디자인에 압화를 사용하면서 꽃에 심취하게 되었고, 이 기술을 우리 전통 가구에 접목시켜 세계인들을 매혹시키자는 포부를 갖게 되었다고 한다. 두 사람의 만남으로 미술에 대한 이론적 토대와 디자인에 대한 미적 감각이 한데 어우러져 그들이 소망하는 대로 좋은 결실을 맺어가고 있었다.

그들은 서울에서 멀지 않은 산골에 아담한 공장을 짓고 주문식으로 완제품을 만들기 시작했다. 그렇게 그들의 작품은 하나씩 세상에 모습을 드러내고 있었다. 서울과 지방에서 전시회를 차례로 열고 무궁화 꽃등을 디자인해서 출시하기도 했다. 그들은 작품에 스토리를 만들고 이름을 붙였다. 화장대는 '왕비의 얼굴', 침대는 '정적', 장식장은 '꽃피네'로, 그리고 꽃이 쏟아지는 느낌을 가진 식탁은 '꽃비'라고 지었다.

이름만큼이나 작품에 대한 그들의 사랑은 각별했다. 디자인과 염색을 하면서 수많은 밤을 지새웠고, 압화를 하는 과정에서는 혼신의 힘을 다했다. 그 친구의 부인은 어느 잡지사와의 인터뷰에서 "펼쳐 놓은 꽃잎이 혹 젖을까 눈물도 흘리지 못했어요."라고 말했다. 나에게 작품을 설명하는 동안 그녀의 얼굴은 가구에 심어진 꽃잎을 닮아 환하고 소박한 표정을 지으며 목소리에 생기가 넘쳤다.

그녀는 가슴속에 남다른 열정을 품은 예술 작가였다. 자신의 삶에서 가장 소중한 가치를 실현하여 세상에 보여 주고 싶은 욕심이 남달랐다. 그러던 그녀가 오래전부터 말기 암 환자로 투병 중이었다는 사실을 나는 나중에야 알았다.

그 친구의 부인은 수많은 항암 치료를 받으면서도 힘들다는 내색 한번 하지 않고 자신의 일에 몰두하는 의연함을 보여 주었다. 어느 누가 시한부라는 죽음의 공포 앞에서 그렇게 담담할 수 있을까. 오직 작품을 완성한다는 소망만으로 생명의 한계를 이겨내고 있었던 것이다.

일전에 어느 방송에서 역경을 이겨낸 사람들의 성공 스토리를 방영한 적이 있다. 그 프로는 누구나 도전 정신이 있으면 어떤 고난도 극복할 수 있다는 희망을 보여 주었다. 하루 22시간의 노동으로 수억 원의 빚을 청산한 사람, 난치병 아들과 철인 3종 경기를 완주한 아버지의 이야기, 시각 장애를 딛고 골프 선수가 된 사연, 사고를 당하고 휠체어 댄스 프로 선수가 된 사례 등 값진 체험담을 들을 수 있었다. 그녀도 가치 있는 일에 자신의 목숨도 아끼지 않는다는 신념으로 꿈을 현실로 이루어 낸 사람임에는 틀림이 없었다.

그녀를 마지막으로 찾아 간 곳은 동네 근처에 있는 조그만 성당이었다. 성당 안에 안치된 영정 속에서 웃고 있는 그녀의 얼굴을 보았다. 시골 언덕길에 피어나는 조팝꽃 잎 속에 잠이 들어 하늘로 올라간 빈자리에 꽃향기가 안개처럼 아른거렸다.

그녀가 떠나고 나서 그 친구를 저녁 식사에 초대하였다. 그때 내가 그에게 "아내가 그렇게 아프면서도 어쩌면 그리 열심히 살 수 있었나?" 하고 물었더니, 그 친구는 "고통을 잊어버리고, 또 이겨내기 위해서…."라고 했다. 그의 눈에 이슬이 맺힌 것을 본 순간 나도 눈시울이 뜨거워졌다.

"꽃은 약해 보이지만 본질적으로는 강한 존재예요. 바람에 몸을 맡기는 여릿여릿한 모습이지만 강렬하게 마음을 끕니다. 꽃은 굉장히 강한 힘을 지니고 있습니다."

그녀는 꽃과 같이 연약한 모습을 하고 있으면서도 강인한 인내심을 가진 자기 자신을 이야기하고 있었다. 질병이라는 혹독한 장애가 있어 목표를 완성하지는 못했지만, 예술가로서의 혼은 지금도 세상 어딘가에 흩어져 있는 그녀의 작품 속에 살아 있을 것이다.

  나는 요즘 수필 쓰기에 전념하면서 나름대로 세상을 아름답게 하는 좋은 수필에 도전하고 있다. 하지만 그녀가 가진 열정이 진정 내게도 있는 것인가. 내가 좋아하는 수필을 쓰다가 죽을 수 있을까. 생명이 다하는 순간까지 수필을 쓸 수 있을까.

단풍 예찬

Chapter 6

인면와(人面瓦)의 미소

만년필 이야기

단풍 예찬

아버지와 기차

홀로 있음에

인면와(人面瓦)의 미소

오월의 외출

합장(合掌)

이제는 문학이다

지금 저 산 너머 달리는 밤 기차 속에 학창 시절의 젊은 내가 보인다. 객실 안을 밝게 비추는 불빛이 유난히 따뜻하게 느껴진다. 차창 가에 아버지의 모습이 아른거리고, 나를 부르는 아버지의 음성이 달그락거리는 기차 소리에 담겨 무척 정겹게 들려온다. 오늘따라 검푸른 제복과 모자를 두르고 있는 금테가 더욱 빛나 보인다.

만년필 이야기

 얼마 전 갓 시집온 며느리에게서 만년필을 생일 선물로 받았다. 비취색을 띠고 제법 고풍스럽게 보였는데, 곁에 내 영문 이름을 새겨 선물 위에 또 하나의 선물을 보너스로 올렸다. 그 만년필의 동그랗고 아담한 몸통을 가만히 잡고 있으면 내 가슴에 맺힌 사연들이 술술 풀려나올 것 같은 기분이 든다.
 나의 학창 시절만 해도 만년필은 흔치 않은 고급 필기구여서 직장인이나 학생들은 잉크를 묻혀 쓰는 펜을 주로 사용했다. 나는 글쓰기를 좋아해서 ≪펜글씨 교본≫에 따라 펜으로 글자를 멋있게 쓰는 연습을 하곤 했다. 하지만 펜으로 글을 쓰면 종이에 잉크가 번지기도 하고 펜촉이 조금만 달아도 잘 써지질 않았다. 때로는 소홀히 다루다가 바닥에 떨어져 촉이 상해 못 쓰게 되는 일도 허다했다.

 그래서 나는 펜촉이 상할 염려 없이 오랫동안 쓸 수 있는 만년필에 매력을 더 느꼈다. 문방구점에서 제일 싼 것이라도 하나 사서 교복 앞주머니에 꽂고 다니면 온 세상이 나의 것이었다.

 나는 종이에 여백만 있으면 만년필로 정성을 들여 글씨를 써 보곤 했다. 처음에는 펜촉 끝이 거칠어 쉽게 써지지 않았지만 길이 들고 나면 쓰기도 편하고 글씨가 좋아졌다. 공부를 할 때는 볼펜이나 연필을 주로 사용했지만, 노트를 정리하거나 중요한 것을 메모할 때는 꼭 만년필을 꺼내 썼다. 그 뒤로 나의 필체는 만년필과 함께 수도 없이 바뀌었고, 글씨 수준도 만년필의 기술에 따라 성장해 나갔다.

 만년필 하면 수필가이자 소설가인 김홍신 씨가 떠오른다. 그는 소설 ≪인간시장≫을 출간하여 밀리언셀러가 된 작가이다. 그분이 나의 학교 동문 송년회에서 자신이 쓰던 만년필 한 자루를 경매로 내놓았다. 그것은 장편소설 ≪대발해≫를 집필하면서 사용한 만년필 세 자루 중 가장 최근 것인데, 나머지 두 자루는 펜촉이 무디어져 쓸 수 없게 되었다고 했다. 얼마나 글을 많이 썼기에 촉이 다 닳았을까, 생각할수록 놀라울 따름이었다.

 ≪대발해≫를 쓴 목적에 대해 작가는 독자들에게 우리 조상의

땅인 발해에 대한 인식을 새롭게 하여, 선조들의 위대함을 깨닫고 민족적 자긍심을 갖게 하기 위해서라고 말했다. 소설을 쓰기 위해 그는 우리나라의 전국을 돌아다는 것은 물론 중국을 수시로 건너갔다고 한다. 거기서 인연이 닿는 사람이면 누구든지 줄을 대어 여러 대학과 연구소를 찾아 사람들을 만나고 수많은 자료를 수집했다. 그때 모은 자료가 자신의 거실 벽면을 모두 차지할 정도라고 하니 나라를 사랑하는 그의 작가 의식에 감탄을 금할 수 없다. 그러면서 그 흔한 컴퓨터를 마다하고 원고지에 만년필로 소설 전체를 써 내려가다 보니 고개가 옆으로 굳어져 부항을 뜨면서 집필을 했다고 한다.

 그날 그 만년필은 어떤 선배 한 사람이 선뜻 제시한 수십 만 원에 낙찰을 보았다. 그 선배는 경매에 나선 이유를 묻는 사회자의 질문에 "그냥 만년필을 갖고 싶어서…."라고 대답했다. 그도 나와 닮은 데가 있다고 생각하니 기분이 좋아졌.

 만년필은 이름 그대로 곱게 간직하면 오래오래 쓸 수 있는 물건임에 틀림없다. 마크 트웨인은 "우리들 중에 만년필만큼 많은 미덕을 가지거나 만년필의 고집을 절반이라도 지닌 사람은 없다."고 했다. 그는 말 그대로 만년필을 무척 좋아했나 보다. 미덕은 무엇이고 고집은 또 무엇인가. '미덕'은 만년필을 가진 사람이 한없이 편하고 아름답게 글을 쓸 수 있게 해준다는 뜻이고, '고집'은 자신의 그런 좋은 점을 끝까지 누릴 수 있게 한다는 의미가 아닐까.

만년필은 사용하기에 따라 갖가지 모양을 자유롭게 낼 수 있는 만능 필기구이다. 그것으로 그림을 그릴 수도 있고 붓글씨처럼 쓸 수도 있다. 글을 쓰는 사람의 인격이나 기분을 솔직하게 보여 주는 기술도 가졌다. 아무리 숨기고 꾸미려 애를 써도 글을 쓴 사람을 분명히 가려준다. 그래서 만년필은 다양한 개성을 표현할 수 있는 여유를 가졌다고 어떤 이는 말한다.

그렇지만 나는 무엇보다 필기구 중에 맏형 노릇을 하는 만년필의 의젓함을 자랑하고 싶다. 그것은 연필이나 깃펜과 볼펜이 갖지 못하는 자신만의 기품을 가진다. 중요한 문서에 사인을 하여 법률적인 효력을 가지게 하고, 소중한 사람에게 의사를 전달할 때 그 내용에 무게를 더해 주기도 한다.

오늘도 만년필은 내 윗옷 안주머니에 꽂혀 주인이 부르면 언제든 달려올 채비를 하고 있다. 앞으로 만년필로 의미 있는 것을 자주 기록하고 서명을 해야 할 일도 많이 생겼으면 참 좋겠다.

단풍 예찬

　콘도 현관 앞마당에 있는 철쭉 잎이 유난히 붉다. 철쭉은 지난 봄에 분홍과 빨간색 꽃을 피우더니 가을이 되면서 온몸을 다시 붉게 물들였다. 어린애들처럼 낮은 키를 하고 햇볕이 좋아 양지바른 쪽에 도란도란 모여 앉아 있다.

　엄마들과 아이들 여럿이 까르르거리며 내 앞을 지나간다. 가방을 들고 있는 모습이 방금 도착한 듯한데, 오는 길에 벌써 가을이 몸에 배었다. 누렇게 익은 잔디밭 너머 노인 두 분이 다정스럽게 걸어온다. 한 분은 빨간 모자에 주홍색 배낭을 메고 있고, 다른 분은 노란색 스웨터를 입고 한 손에 지팡이를 잡고 있다. 풍성한 결실의 계절을 맞아 인생의 풍요를 마음껏 즐기는 것 같다.

가을이 깊어 가면 온 세상은 완연히 달라진다. 가을은 장소와 배경에 어울리게 오색 물감으로 수채화를 그려 내고, 나도 그림 속의 풍경을 따라 같은 빛깔로 채색되어 자연과 하나가 된다.

이제 가을을 맞으러 산책길에 나선다. 청자색 하늘 아래에 벗나무가 큰 길을 따라 줄지어 서 있다. 봄에 눈이 부시게 하얀 꽃을 피우더니 이제는 잎사귀를 온통 가을 색으로 물들였다. 벗나무는 한식구처럼 같은 마당에 모여 알콩달콩 살고 있으면서 그 잎은 나무마다 가지마다 같은 색이 없다. 한여름 밤을 보내는 동안 제각기 서로 다른 꿈을 꾸고 있었나 보다. 큰길을 지나면 교회로 향하는 호젓한 외길이 나오고, 가는 길목에 단풍나무 두 그루가 선홍색을 띠고 이쪽을 바라보고 있다. 예수님이 십자가에 매달려 죽으실 때 흘린 피와 닮았다. 하나님의 사랑이 자연의 아름다움도 부족하여 예수님의 보혈을 우리들에게 선물로 주신 것인가.

돌아오는 길에 나지막한 울타리를 하고 있는 낙상홍(落霜紅)을 만났다. 서리가 내리면 붉은 열매가 열린다고 해서 붙여진 이름이다. 이 가을, 단풍의 계절에 너무나 잘 어울린다. 작고 동그란 열매는 어느 누구도 흉내 낼 수 없을 만큼 예쁘고 탐스럽다. 무엇이 그리 기쁘고 즐거웠을까. 길을 따라 한쪽으로 소나무가 서로 이마를 맞대고 서 있다. 초록색 솔잎 아래로 누렇게 변해가는 또 다른 솔잎들이 보인다. 계절의 변화에는 아무도 예외가 없는 듯하다.

햇빛을 많이 보지 못하는 잎은 스스로가 변색되어 땅으로 먼저 떨어져 남아 있는 솔잎들이 더욱 활기차게 살아갈 수 있게 도와준다. 이 얼마나 지혜로운 자연의 이치인가.

솔잎 사이로 아이들이 자기들만의 언어로 조잘거리는 소리가 들린다. 어제 본 그 아이들이다. 하룻밤을 보내면서 가을 향기에 흠뻑 취했나 보다. 그네와 시소를 타고 미끄럼틀 위에서 뛰어 노는 그들의 동심으로 가을이 더불어 행복하다.

소나무 너머로 산이 병풍처럼 둘러쳐 있고 굴참나무 떡갈나무 산벚나무도 온통 단풍으로 물들어 바다처럼 넘실댄다. 산등성이 부근에서 거대한 갈색 파도가 일어나고, 산허리는 젊은이의 모습으로 힘차게 너울거린다. 그 아래로 작은 파도가 짙은 고동색과 붉은색을 하고 담장을 넘나든다.

내가 묵고 있는 건물 앞으로 돌아오니 산수유가 잔디 위에서 붉게 물들었다. 열매와 잎도 붉고 가지도 더불어 붉은 색을 띠고 있다. 빨강 물감을 한 바가지 부어 놓은 것 같다. 봄에는 봄의 전령이 되더니 가을에는 어느 누구보다 붉게 달아오른다. 부지런하면서도 삶에 대한 열정이 남다른 듯하다.

지난 추석 때 품바 공연을 하던 작은 공원의 느티나무도 담갈색으로 가을 채비를 마쳤다. 한이 서린 공연 소리가 아직도 귓전에 머물러 있는지 바람이 불면 나뭇가지가 노래에 맞추어 덩실거린다. 흔들리는 마른 잎사귀에서 여인네가 비단 한복을 입고 옷매무새를 고치는 소리가 난다. 어느새 가로등에 불이 켜지고 단풍잎은 불빛에 반사되어 더욱 빛난다.

나는 단풍 속에서 더없는 행복을 느낀다. 나뭇잎은 우리들에게 자랑하려고 자신을 예쁘게 단장하지 않는다. 그들만의 방법으로 아름다움을 보여주는 것일 뿐이니 사람들은 그냥 보고 즐길 일이다. 가을을 맞은 나뭇잎은 노랑 빨강 주황 갈색의 스펙트럼으로 저마다 색의 조화를 달리 한다. 살아가는 이야기가 제각기 다른 연유이리라.

바람이 분다. 나뭇잎이 하나 둘 낙엽이 되어 떨어진다. 나뭇가지와 작별 인사도 제대로 하지 못한 채 잔디에도 도로 위에도 하염없이 떨어져 어느새 수북이 쌓인다. 낙엽을 밟으면 바스락거리는 소리가 가을의 쓸쓸함을 더해준다. 나는 낙엽이 바람을 따라 뒹굴며 흩어지는 게 아쉬워 그 앞에 쪼그리고 앉아 한참을 들여다본다.

가을비가 내린다. 나뭇잎이 빗물의 무게를 못 이겨 가지 위에서 간들거리다 꼬리를 살랑이며 마지막 여정을 시작한다. 고향을 떠나는 아쉬움으로 천천히 내려앉는다. 저 낙엽은 떨어지면서 무슨 생각을 하고 있을까. 가지에 아직 붙어 있는 나뭇잎들과 정답게 지내던 여름밤의 추억을 고이 간직하며 의연히 떠날 것이다. 땅에

고인 빗물 위로 떨어진 낙엽은 작은 파문을 그리며 길게 여운을 남긴다.

　나뭇잎은 봄에는 파릇한 새순으로, 여름이면 싱그러운 신록으로 사람들에게 희망과 치유의 소명을 다하다가 가을에는 가장 멋진 색깔로 세상을 아름답게 물들인다. 마지막 순간에 온몸을 불태워 자신의 모든 것을 보여 주려는 것이리라. 그러다 겨울이 오기 전에 한낱 낙엽이라는 이름으로 생을 마감한다. 모든 것을 내려놓고 땅의 기름짐에 자신을 죽여서 보탠다. 이 얼마나 고귀한 희생인가.

　나는 이제 떨어진 단풍잎을 주워 책갈피에 꽂아 두고 내년에 또 다른 가을이 올 때까지 그들을 틈틈이 꺼내 보면서 함께 지낼 것이다.

아버지와 기차

오늘밤은 유난히 고요하다. 멀리 바람 속으로 간간이 들려오던 기차 소리가 금세 선명한 바퀴 소리를 내면서 내 곁으로 다가온다.

수업이 있는 날이면 학교에서 마련해 준 숙소에서 하룻밤을 보낸다. 밤이면 저 멀리 산이 있는 동네로 기차가 지나가곤 하지만 숙소에서는 그 모습이 보이지 않는다. 밤하늘의 빈 공간을 넘나드는 기적 소리를 들으며 기차가 지나간다고 짐작만 할 뿐이다. 그런데 늘 기차는 여기서 멀지 않은 내 고향의 어린 추억 속으로 나를 데려가곤 한다.

시골의 철도 역장으로 계시던 아버지를 만나러 갈 때는 항상 기차를 탔다. 객지에서 혼자 지내시던 아버지에게 어머니의 심부름을 해 드리기 위해서였다. 그 당시 아버지는 검푸른 제복을 입고, 검은 천에 굵은 금테를 두른 빳빳하게 각진 모자를 쓰고 근무하셨다. 그렇게 멋진 모습으로 플랫폼에 서서 내가 탄 기차가 도착하기를 기다리시곤 했다.

아버지는 한평생을 기차와 함께 지내셨다. 나이 스물이 되기 전인 일제시대에 철도 공무원으로 직장 생활을 시작하여 거의 40년 가까이 재직하셨다. 지금도 아버지가 직장 새내기 시절, 제복을 입고 찍은 누렇게 바랜 사진 한 장이 기억난다. 그 사진에는 근엄한 모습을 한 일본 사람들이 대부분이었고 한국인은 아버지를 포함하여 몇 사람뿐이었다. 해방이 되고 나서 아버지는 고향 근처의 철도역은 근무하지 않은 곳이 없을 정도로 전근(轉勤)을 거듭하셨다. 그럴 때마다 나는 아버지를 만나러 가는 길에 지나치는 수십 개의 역 이름을 눈감고도 외울 정도로 자주 다녔다. 시골 역은 기차를 타고 내리는 손님들로 분주하였고, 이들을 맞이하고 떠나보내는 직원들의 모습으로 정겨웠다.

기차는 만남의 기쁨과 이별의 슬픔을 함께 싣고 달린다. 승객들이 기차를 타고 떠날 때는 남겨진 사람들과 헤어지는 아쉬움을 남기고, 승객이 내릴 때는 남아 있던 사람들과 또 다른 만남의 기쁨을 안겨 준다.

아버지는 기차와 같은 인생을 사신 분이다. 나는 중학교를 졸업하고 고향에서 제법 멀리 떨어진 도시로 진학을 하면서 부모님과 줄곧 헤어져 지냈다. 학교를 마치고 바로 군에 입대하였고, 군 복무 중에 결혼을 하고 제대 후에 바로 살림을 났으니 고향에서 부모님과 함께 지낸 시간은 철없던 어린 시절뿐이었다. 아버지와 나는 늘 오랜만에 만나 잠시 같이 있다가 헤어지는 나그네 같은 관계였다. 그래서 아버지는 마치 찾아오는 승객들을 잠시 태우고 있다가 그들을 떠나보내는 기차와 같이 느껴지곤 했다.

  나의 젊은 날은 기차와 함께 성장해 갔다. 학창 시절, 야간열차를 타고 고향에 다니러 갈 때면 열차 안은 온통 고향 사투리로 가득했다. 고향은 내게 너무나 익숙한 모습이었지만 기차를 타고 내릴 때면 낯설어 보이기도 했다. 고향 역은 나의 어린 시절의 정겨웠던 추억과 고향의 향기를 가득 담고 언제나 나를 반갑게 맞이해 주었다. 그 당시 은퇴해서 고향 집에 계시던 아버지는 개찰구 근처의 어스름한 불빛 속에서 나를 기다리곤 하셨다. 세월이 지나면서 기차역의 대합실과 앞마당이 자꾸만 작아 보였듯이 마중 나오신 아버지도 작아져 보였다.

  그러기를 수십 년, 아버지의 주름살은 그렇게 만남과 헤어짐 속에서 깊어만 가고, 입고 다니시던 제복은 어느덧 검은 회색빛으로 퇴색되어 갔다. 말년에 노환으로 병상에 누워 계시던 시절,

내가 달포 건너 찾아 뵐 때면 기다리다 지친 듯 유난히 움푹 들어간 두 눈에 이슬이 맺히곤 하셨다. 반나절쯤 같이 있다가 헤어질 때면 서운한 마음으로 나를 바라보시던 아버지의 모습이 지금도 눈에 선하다. 그때 아버지는 이제 내가 가면 이생에서는 다시 볼 수 없을지도 모른다는 생각을 하고 계셨는지도 모른다. 마치 마지막 승객을 역사(驛舍)에 내려놓은 밤기차처럼….

지난번 수업을 마치고 집으로 돌아가는 고속도로에서 나는 고향으로 가는 기차를 보았다. 학창 시절 내가 그토록 자주 다니던 그 기찻길로 제법 여러 대의 차량을 달고 미끄러지듯 쏜살같이 달리고 있었다. 예전보다 더 빨라지고 색상도 예쁘고 품위도 있었다. 불현듯 그 기차를 타고 고향으로 가는 나의 모습을 상상해 보았다.

지금 저 산 너머 달리는 밤기차 속에 학창 시절의 젊은 내가 보인다. 객실 안을 밝게 비추는 불빛이 유난히 따뜻하게 느껴진다. 차창 가에 아버지의 모습이 아른거리고, 나를 부르는 아버지의 음성이 달그락거리는 기차 소리에 담겨 무척 정겹게 들려온다. 오늘따라 검푸른 제복과 모자를 두르고 있는 금테가 더욱 빛나 보인다.

다음 번 귀향길에는 기차를 타고 가야지.

홀로 있음에

　너무나 고요하다. 내 주위에는 아무도 없다. 마치 이 세상의 모든 사람들이 나의 존재를 잊어버린 것 같아 두려워진다. 혼자 있어 외롭다는 것이 이런 건가. 무심코 라디오를 켜니 가만히 있던 주위가 음악 소리에 맞춰 흔들거린다. 한참을 듣다가 정지 버튼을 누르니 세상도 함께 멈추고 조금 전보다 더 까만 정적이 흐른다.
　언제부턴가 이런 고요함에서 벗어나려고 텔레비전과 라디오를 번갈아 가며 크게 틀어 놓는 습관이 생겼다. 그러면 마치 외로움이 큰 소리에 묻혀 사라질 것 같은 착각에 빠지곤 했다. 그런데 그게 아니었다. 그럴수록 나의 외로움은 더욱 깊어만 가고, 어느덧 지나간 추억과 소중한 사람들에 대한 그리움으로 변해가고 있었다.

　나는 지난해부터 도심을 떠나 한적한 생활을 하고 싶어 시골에 방을 하나 장만했다. 그러다 보니 혼자 지내는 시간이 많아졌다. 요즘은 외로움을 유난히 타는 내 모습이 싫어 여기 있는 동안이라도 마음껏 즐기기로 작정했다.

　우선 산행을 시작했다. 집 근처에 있는 산에 숲이 우거져 나뭇잎 사이로 하늘이 겨우 보일 정도다. 팔을 앞뒤로 흔들고 심호흡을 하면서 걷다 보면 자연이 온통 나를 위해 존재하는 것 같다. 종달새와 시냇물 소리에 내가 살아 있음을 느끼고, 길가의 풀 한 포기와 돌멩이 하나도 그렇게 소중할 수 없다. 원추리 구절초 참나리 은방울꽃 앞에 차례로 쪼그리고 앉아 생명의 신기함을 들여다본다. 지난번보다 잎이 한두 개씩 더 올라오고 키도 한층 더 자랐다. 비가 온 후 빗물을 머금은 함박꽃이 화사한 무명옷을 입고 수줍어하는 미인의 모습을 하고 있다. 이 모든 행복은 혼자이기 때문에 느낄 수 있는 자연의 선물이다.

　나는 혼자 있으면서 나를 돌아보는 시간을 가진다. 책을 보면서 작가들의 작품 세계를 한층 깊이 공감할 수 있고, 성경을 읽으면서 하나님의 말씀을 깊이 깨달을 수 있다. 문득 혼자 있으면 외롭다고 느끼는 것은 삶의 가치를 밖으로 나타나는 모습 자체에서 판단하려는 어리석음 때문이라는 생각이 든다. 남들과 더불어 있다고 해서 외롭지 않은 것은 아니지 않는가.

　나는 문득 '홀로 있음'의 의미를 생각해 본다. '홀로 있음'은 혼자 있다고 느끼는 것과 그 뜻이 완연히 다르지만 외로움에 대해서도 다른 차원의 의미를 가진다.

　인간의 외로움은 아담이 에덴동산에서 쫓겨나 하나님과 분리되면서, 혹은 어머니의 자궁에서 떨어져 나오는 순간부터 시작되었다고 한다. 외로운 인간들이 공동체를 이루고 살면서 남을 의식하다가 자아(自我)를 잃어버렸고, 그 자아를 발견하기 위해 홀로 있음을 실천하게 되었다고 어느 철학자는 말한다. 홀로 있음은 공간적으로 혼자 있는 것이 아니라 내면의 순수 자아와 하나가 되는 것이다.

　안네마리 키더 목사는 "홀로 있음을 두려워하지 말라."고 하면서, 홀로 있어 얻는 고독과 침묵이 우리의 영적인 삶을 풍성하게 한다고 역설했다. 기도는 자기가 믿고 의지하는 신과 홀로 대화하고 만나는 것이다. 그렇다고 기도하는 자가 외롭다고 할 수 있는가. 예수님도 새벽에 홀로 산으로 올라가서 하나님께 기도를 드렸고, 붓다는 오랜 수행 끝에 홀로 존재하는 명상의 경지에 이르렀지 않았는가. 어느 수행자는 혼자 있는 시간에 자신만의 깊은 성찰을 할 수 있다고 가르친다. 그는 고요함 속에서 자신의 느낌과 생각에 집중하다 보면 생각이 변하면서 마음이 비워진다고 했다. 외롭다는 생각은 할 틈이 없다.

　오늘도 새벽의 여명 속에 나 자신의 삶을 관조(觀照)하면서 기도하는 마음으로 하루를 시작한다. 나는 누구인가. 무엇을 삶의 가치로 삼고 살아가고 있는가. 인생을 어떻게 살면 보람 있고 행복하게 잘사는 것일까. 이 모든 질문에 대한 해답은 홀로 있음으로 얻어질 수 있는 삶의 명제이다. 지금 비록 혼자 있지만 혼자가 아님을 깨닫는 순간이다. 내가 홀로 있음으로 온 우주와 모든 사물이 나와 함께 존재하고 대화한다. 그 얼마나 소중한 만남인가.

　창문 너머로 얼굴이 검게 탄 노인 한 분이 낡은 장갑에 괭이 한 자루를 들고 걸어가고 있다. 저 사람도 혼자라서 외로울까. 농촌의 고요함에 익숙해지고 농사일로 평생을 살아서 그에게 고독은 사치일지도 모른다. 비록 홀로 있음의 의미를 깨닫지는 못할지라도 해와 달과 별의 움직임을 따라 자연에 순응하면서 그는 행복해할 것이다.

　자리를 털고 일어나 집 밖을 나서니 창문으로 바라보던 바깥 풍경이 오늘따라 더욱 가깝게 느껴진다. 밤하늘에 떠 있는 보름달과 별들이 더욱 환한 모습으로 나를 반긴다.

인면와(人面瓦)의 미소

한 방송사의 여행 전문 프로에서 세 여자가 환하게 웃고 있는 장면을 보았다. 그들은 동남아 지역을 여행하다가 어느 시골 길에서 현지 아이들에게 행선지를 물어보던 중 그 아이들이 보여 준 순박한 미소에 즐겁게 화답하고 있었던 것 같다.

우리는 늘 같은 생활 속에서 바쁘게 지내다 보면 자칫 웃음을 잃어버리기 쉽다. 언제 웃어 보았는지도 모른 채 하루를 보내는 경우도 참 많다. 나는 성격이 신중하고 생각이 많아 평소에 웃음이 별로 없는 편이다.

그런데 요즘 손녀와 손자를 연년생으로 보면서 웃을 일이 참 많이 생겼다. 지하철이나 버스를 타고 시내 나들이 갈 때 그애들이 생각나면 혼자 싱긋이 웃곤 한다. 아내는 힘든 일이 있더라도 손자 남매 이야기만 나오면 그들과 함께 있었던 일을 기억해 내면서 손뼉을 치며 좋아한다. 만나서 같이 지내던 시간보다 오히려 더 오래 자세하고 생생하게 이야기한다. 아내의 그런 모습을 보면서 나도 따라 맞장구를 쳐 본다. 그들은 우리 부부의 엔도르핀임에 틀림이 없다. 그래서 그애들을 우리 품에 안겨 주고 건강하게 잘 키우고 있는 큰아들 내외가 고맙고 대견스럽다.

　어저께 드디어 둘째인 손자가 웃었다. 할머니 할아버지 앞에서 한번 인심을 써 보는 건지, 예고도 없이 담요 포대기 위에서 생긋 웃고 있었다. 백일이 갓 지난 아기의 웃음이었지만 우리는 그 웃음에 많은 의미를 주고 싶었다. 젖을 먹고 배가 불러서, 자기를 어르고 달래 주는 엄마가 좋아서, 그리고 할머니의 살가운 애정 표현에 감사해서 우리 모두에게 웃음을 선물한 것이라 여기고 싶었다.

　웃음은 생명의 원천이다. 웃음은 노화된 세포를 재생시켜 주고 새롭고 창의적인 생각을 하게 한다. 어려운 문제를 슬기롭게 풀 수 있는 원동력이 되기도 하고, 묵은 갈등을 해소시켜 좋은 관계로 이어주는 것도 웃음의 힘이다. 웃음은 희망을 잃었거나 고난을 겪고 있는 사람에게도 다시 일어서게 하는 용기를 준다. 그래서 웃음은 상대방 뿐 아니라 자신에 대한 사랑의 적극적 표현이다.

어느 인터넷 뉴스에서 본 이해인 수녀의 해맑은 웃음은 앳된 소녀의 모습 그대로였다. 그녀는 약자와 상처받은 이들의 아픔을 위로하는 시를 쓰면서 '국민 이모'로 불리고 있는데, 이번에 지난 사십여 년 동안 기도하고 대화하듯 써 온 천여 편의 시를 모아 전집을 출간했다. 그런 그녀가 육 년 전부터 암과 투병 중에 있다고 한다. 그토록 힘든 고통을 겪으면서도 어떻게 유쾌한 웃음과 온화한 미소를 잃지 않을 수 있을까. 이는 원망보다는 긍정과 감사하는 마음을 가지고, 하느님으로부터 받은 사랑을 타인에게 돌려주려는 행동하는 성직자이기에 가능한 일이라 짐작해 본다.

직장에 다닐 때 재직자 훈련 과정에 '웃음 특강' 시간이 있었다. 웃음치료사인 강사는 교단에 올라가자마자 한바탕 웃음으로 교실을 달구기 시작했다. 시종일관 웃음이 주는 유익을 이야기하다가 급기야는 자신이 직접 시범을 보였다. 처음에는 작은 소리로 웃다가 점점 크게 웃는데, 손뼉을 치며 웃기도 하고 나중에는 발까지 동동 구르면서 소리를 질러댄다. 우리도 그녀를 따라 한 십 분을 웃다 보니 얼굴이 달아오르고 온몸이 흥분되어 하늘로 날아오를 것 같았다. 웃으며 살다 보면 인생이 훨씬 더 즐거워진다는 사실을 체험으로 느낄 수 있는 값진 시간이었다.

웃음에 대한 우리 조상들의 지혜가 토우(土偶)나 불상(佛像)에서, 또는 글자나 민화(民話)에서 다양하게 나타나고 있다. 하지만 나는 경주의 영묘사지에서 출토된 인면와(人面瓦)의 미소를 지나칠 수 없다.

인면와는 통일 신라 시대에 기왓골의 마무리에 사용된 것이라 추정되는 얼굴 모양의 수막새이다. 비록 왼쪽 턱의 일부가 유실되기는 했지만, 입술의 양 끝이 살짝 올라가 있고 양 볼이 도톰하게 튀어나온 데다가 눈가에 주름까지 잡혀 있어 웃음의 진미를 고스란히 간직하고 있다. 그러면 오랜 세월 땅속에 묻혀 있다가 이제야 세상에 다시 나타난 건 무슨 연유일까.

인면와는 웃음을 잃고 각박한 세상에서 힘들게 살아가는 요즘 사람들에게 진정한 사랑이 무엇인지 가르쳐 준다. 우리들이 가진 이기심과 성급함의 장애를 떨쳐 내고 여유와 이타(利他)의 정신을 재활할 수 있기를 그는 바라고 있는 것이다. 우리들이 그렇게 변화되는 모습을 보기 위해 흐트러짐 없는 미소로 천 년의 세월을 기다리고 있었는지도 모른다.

일설에 의하면, 인면와는 전쟁터에서 죽은 사랑하는 사람의 명복을 비는 신라 여인의 애틋한 마음을 담은 것이라고도 하고, 전쟁터에서 목숨을 바친 신라 청년의 나라 사랑을 표현한 것이라고 한다. 그렇다면 인면와는 온몸을 불태워서라도 자신의 사랑을 미소로 승화시키고 있는 것이다. 이보다 더 아름다운 인간의 모습은 세상 어디에서도 찾아볼 수 없을 것 같다.

인면와의 미소 앞에 옷깃을 여미고 나 자신을 들여다본다. 비록 오랫동안 병마의 고통 속에서도 세상을 향해 진정한 사랑의 미소를 지어 보일 여유가 과연 내게 있는가. 고통당하고 소외받는 이웃에게 위로와 자애로운 손길을 내미는 용기가 있는가.

나에게 기쁨을 주는 어린 손자 남매의 밝은 미소와 지금도 웃고 계실 이해인 수녀의 모습이 인면와의 미소에 투영된다.

오월의 외출

신록의 계절 오월이다. 꽃샘추위가 지나간 자리에 봄기운이 물밀듯 찾아와 온 세상이 푸르고 싱싱하다. 꽃봉오리와 나뭇가지 사이에서 어리지만 강인한 생명력이 아지랑이같이 피어오른다.

오월의 하늘도 대지를 닮아 따스하고 포근하다. 낮에는 새들이 솜털구름 아래에서 가벼운 날갯짓을 하고, 밤에는 어스름한 달빛 너머로 수많은 별이 수정처럼 반짝인다. 그 별들은 무한한 우주에 근원을 두고 끊임없이 뜨고 지며, 태어나고 또 소멸한다.

등산로 입구에 무리를 지은 철쭉 꽃잎이 제각기 하늘을 쳐다보고 있다. 마치 병아리들이 어미 발아래에서 조그만 입을 벌려 먹이를 달라고 짹짹거리는 모양새다. 간혹 먼저 핀 꽃은 어미가 물어다 준 먹이를 한가득 입에 물고도 입가에 넘쳐 있다.

무심할 것 같던 딱딱한 나무껍질 사이로 새순 하나가 올라왔다. 투박한 줄기가 속살을 힘겹게 오므려 터를 내어 준 자리에 자기만의 보금자리를 만들었다. 그리고는 보드라운 잎사귀를 가만히 밖으로 내밀어 본다. 처음이지만 상큼한 외출이다.

"아! 정말 따뜻하고 아름다운 세상이야. 나도 얼른 자라서 의젓한 어른이 되어야지."

어린잎은 지나가는 바람에게 수줍은 듯 귓속말로 속삭인다. 갓난아기 손바닥 같아 그 무늬만 봐서는 어느 나무에서 자란 것인지 알아채기 어렵다. 바람이 불고 비가 오면 금방이라도 꺾일 듯 가냘프게 보이지만, 연한 가지는 어미 줄기에 붙어 좀처럼 떨어지지 않는다. 호흡도 함께 하고 영양분이 흐르는 통로도 같다. 그 옆으로 나 홀로 삐죽이 돋아난 것도 있지만, 친구들과 도란도란 이웃하며 자라는 어린 가지들은 보기에도 무척 대견스럽다.

피천득은 그의 수필 〈오월〉에서 밝고 순결한 오월이 금세 지나는 세월을 아쉬워하고, 헨리 롱펠로우도 〈계절은 언제나 오월 같지는 않으리〉라는 시에서 오월은 청춘과 같아 세상을 처음 겪는 즐거움이 충만하다고 하였다. 두 글 모두 오월의 청순함을 그리고 있지만, 유월이 되어 녹음이 우거지면 그 순결을 놓치는 서운함이 있기에 지금 이 순간을 즐기라고 호소하고 있다. 나도 유월이 오기 전에 오월에만 볼 수 있는 어린 생명의 용트림에 마음껏 취해보고 싶다.

나무는 사랑하면 소생(蘇生)할 수 있다는 생명의 교훈을 실천해 보인다. 겨울의 혹한에도 쉬지 않고 뿌리에서 자양분을 만들어 내고, 봄이 되면 나뭇잎과 새싹이 움트고 가지를 더 높고 튼튼히 자라게 한다. 자신이 일군 줄기와 잎을 가족처럼 소중히 가꾸고 모두에게 행복한 보금자리를 마련해 준다. 이 얼마나 아름다운 모습인가.

산 아래 놀이터에서 어린아이들이 즐겁게 놀고 있다. 친구들과 재미에 빠져 있어 이 세상에 또래들만 있는 줄 알다가, 다칠라 넘어질라 두 손 벌려 자기를 부르는 부모들의 정다운 목소리에 더욱 신이 나고 무한한 안도감을 느낀다.

오월은 사람들이 가족 간에 서로를 사랑으로 보살펴 주는 좋은 계절이다. 그들은 새순을 틔우고 정성을 다하는 나무를 닮았다.

합장(合葬)

　그날은 6월 중순이라 뜨거운 태양이 대지를 사정없이 달구고 있었다. 상여꾼들은 노잣돈이 필요하다고 소리를 지르며 가다 서기를 반복하지만, 사실은 쉬면서 땀을 식히려고 게으름을 부리는 듯했다. 새벽부터 다른 도시에서 버스를 타고 올라온 교회 성가대원들도 예를 갖춘 복장에 더위와 싸우느라 무척 힘들어 보였다. 어머니가 가시는 마지막 길은 그렇게 모든 사람들이 무더위를 이겨내며 배웅하고 있었다.

　어머니는 아버지와 금슬(琴瑟)이 참 좋으셨다. 거의 70년을 해로(偕老)하시는 동안 다투거나 싸운 적이 거의 없어 친척이나 동네 분들의 부러움을 살 정도였다. 항상 서로를 존경하고 양보하면서, 주변 사람들을 돕고 마음 써 주는 일에 이력이 나신 분들이었다. 박봉에 어려운 살림살이에도 어머니가 매일같이 아버지의 밥상을 정갈하게 준비하시는 모습을 보면서 나는 그것이 '요술밥상'이라는 생각이 들곤 했다. 어머니가 돌아가시자 병석에 계시던 아버지는 휠체어를 타고 어머니의 영정 앞에서 기도하며 한참을 우셨다. 그로부터 5년 뒤 아버지도 어머니를 따라 가셨다.

아버지의 영정이 동네 어귀로 접어들 때 미처 빈소에서 문상을 하지 못한 친척 분들이 길 위에 서성이고 있었다. 상여꾼들의 구슬픈 소리가 하늘에 맞닿고, 아버지는 먼저 가신 어머니의 발자취를 따라 논두렁 사이를 지나 묵묵히 산으로 올라가셨다. 그토록 보고 싶어 하셨던 어머니를 이제야 만나러 가는 것이다.

산소에는 공사 차량이 터파기를 끝내고 우리를 기다리고 있었고, 그 옆에는 산세를 살피고 자리를 보기 위해 이른 아침에 도착한 지관이 분주히 움직이고 있었다. 그는 우리 형제들을 아버지가 누우실 묏자리 아래로 내려와 보라고 안내하였다. 반듯이 파인 왼편 벽 쪽으로 어머니가 누우신 고동색 옻칠을 한 관의 가장자리가 보였다. 5년 전 모습 그대로였다. 어머니는 그동안 아버지를 잊지 못하고 늘 같은 모습으로 기다리고 계셨던 것이 아닌가. 아버지가 오신다고 아침부터 예쁘게 단장하고 당신의 옆모습을 수줍은 듯 보여주고 있었다.

지관은 하얀 모조지를 동그랗게 말아 어머니가 계신 관의 왼쪽 윗부분에 대더니 옆으로 모실 아버지의 얼굴 위치에 흙으로 고정시키고 나서 위로 올라왔다. 그는 나에게 두 분이 서로 마음을 통하고 대화를 나누라고 그렇게 한 것이란다. 두 분 간의 연결 통로인 셈이다. 그토록 서로 아끼고 사랑하시다가 이제 저 세상에서 다시 만나 못다 한 이야기를 나눌 수 있게 되다니 얼마나 좋은 일인가. 처음 만나서 어떤 인사를 나누었을까. 어머니는 아버지에게 "어서 오이소. 그동안 아파서 마이 힘들었지요."라고 위로하시고, 아버지는 "나를 두고 먼저 가디 좋드나."라고 한 말씀하셨을까.

몇 해 전 '원이 엄마'의 편지로 세상이 떠들썩했던 일이 있었다. 안동 지역에서 택지 개발을 하다가 무덤을 이장하던 중에 미라에서 편지 한 통이 발견되었다. 그 편지는 400여 년 전 조선시대의 한 양반집 부인이 쓴 것으로, 병으로 요절한 남편에 대한 사랑이 절절이 담겨 있었다. 그 여인은 남편의 병이 낫기를 바라면서 자신의 머리카락을 엮어 만든 미투리와 함께 편지 한 통을 죽은 남편의 품에 묻어둔 것이다.

그 편지는 백년해로하자던 약속을 저버리고 먼저 가신 남편이 꿈속에서라도 나타나 세세히 답을 해주기 바라면서, "남도 우리같이 서로 어여삐 여겨 사랑하리…. 어찌 그런 일을 생각지 아니하고 나를 버리고 먼저 가시는고."라고 했다. 그 부부는 아내의 마지막 편지가 통로가 되어 어둠의 세월 속에서 자신들의 사랑을 지켜낸 것이리라.

　부모님의 산소는 그 무덤과는 산을 하나 사이에 두고 있다. 그 여인같이 먼저 가신 임을 향해 편지나 유물을 넣어 두진 못했지만, 나의 부모님도 서로에 대한 지극한 사랑을 가슴에 품고 가셨다. 만일 아버지가 먼저 가셨더라면 어머니는 당신의 사연을 기나긴 글에 담아 아버지의 품속에 넣어두셨을 거라는 엉뚱한 상상을 해 보았다.

　마침 그 무덤이 발견된 곳은 나의 선조들의 고향 근처이기도 하다. 그러기에 조상님들이 그들과 서로 교분이 있었을 수도 있고, 남다른 부부 사랑을 흠모하며 지냈을지도 모를 일이다. 그 당시 주위 사람들의 귀감이 되어 그들의 순애보와 같은 사랑이 마을 곳곳에 스며 있어 그 지방의 전통으로 내려왔을 것이다. 그런 연유로 우리 조상 대대로 각별한 부부애를 간직하며 살아 왔을 거라고 짐작한다면 조금은 비약된 것일까.

　부부가 사별한 후 한쪽을 보고파 하는 것은 평생을 두고 조금씩 쌓아 온 사랑의 결실일 것이다. 요즘같이 부부가 마음이 맞지 않아 이혼이나 별거를 쉽게 하는 세태에 본받을 모습이리라. 더구나 합장하는 부부는 죽어서도 함께하자는 사랑의 증표이니 어느 누가 그들의 인연이 가볍다고 할 수 있겠는가.

부모님을 모신 합장묘는 나의 그리움의 산실이다. 부모님이 보고 싶을 때 언제든 찾아가면 반갑게 맞아주는 나의 고향이다. 사랑으로 가득한 정겨운 우리 집이다.

지난번 부모님 산소를 찾았을 때는 하얀 눈이 소복이 쌓여 있었다. 두 분이 함께 눈처럼 쌓아두신 정을 서로 나누면서 더 깊은 사랑을 이어가고 있는 듯하였다.

이제는 문학이다

　현대사회는 '인간성 상실의 시대'라고 흔히들 말한다. 산업혁명에 이은 자본주의의 발달로 문명이 주는 물질적인 풍요는 얻었지만 사람들에게 진정한 행복을 가져다주지는 못했다. 오히려 '인간 가치의 재발견'이라는 풀어야 할 과제만 남겼다. 문학이 존재해야 할 이유가 바로 여기에 있다.
　문학은 인간의 존엄성을 회복하기 위한 인문학의 한 분야이다. 문학은 사람들에게 삶의 의미를 깨닫게 하여 그들의 생활을 풍요롭게 한다. 시와 수필, 소설, 희곡, 시조 등 다양한 장르는 문학의 현실적 표현 방식들로 나타난다.
　문학의 가치는 인간 내면의 세계를 문예적으로 표현함으로써 독자들에게 감동을 주는 데 있다. 감동은 작가의 생각과 느낌, 사상과 이미지를 공유하고 또 공감함으로써 얻어진다. 문학 작품은 이러한 감동이라는 과정을 통해 독자들에게 사고의 폭을 넓히고, 때로는 아픈 상처를 치유하고 희망과 용기를 주기도 한다. 가족 문제를 비롯하여 사업과 종교, 심지어는 죽음의 문제에 이르기까지 그 범위는 인간 생활의 모든 영역을 포괄한다. 이러한 의미에서 문학은 남녀노소나 지위와 신분에 상관없이 누구나 접근할 수 있고 시도해 볼 만한 품성을 가진 것이다.

이와 같이 문학은 삶의 문제를 해결하는 실마리를 제공하기도 하지만, 작가의 다양한 체험과 사유의 세계를 간접적으로 경험함으로써 독자들에게 삶의 만족도를 높여주기도 한다. 하나의 작품이 완성됨으로 작가에게 말로 표현할 수 없는 희열과 카타르시스를 느낄 수 있는 것도 문학이 가지는 또 하나의 존재의 이유이다.

중국의 5경(經)의 하나인 ≪예기(禮記)≫의 곡례(曲禮) 첫머리에 '무불경(毋不敬)'이라는 말이 나온다. 이는 '불경함이 없어야 한다', 즉 '모든 사물을 경건하게 대하라.'는 뜻이다. 들에 핀 풀 한 포기, 하늘에서 떨어지는 눈 한 송이나 스쳐 지나가는 바람도 그냥 지나치지 않고 존경과 경이로움으로 바라보라는 것이다. 그러다보면 그들의 진정한 가치를 발견하게 되고, 그만큼 우리의 삶도 더욱 행복해질 수 있지 않을까.

문학의 대상은 평범함 속에서 기적처럼 찾아내는 보석이다. 보석은 우리 주변에서 쉽게 발견할 수 있다. 산과 들, 나무와 꽃, 생활 현장이나 우리들 마음속의 기쁨과 고뇌에도 숨어 있다. 봄에 흙덩이를 뚫고 나오는 새싹을 보고 생명의 강인함을 느끼고, 한 줄기 빛에서 인생의 희망을 볼 수 있는 힘, 그러한 것들이 문학이 간직하고 있는 진정한 가치이다.

문학은 창조의 영역이다. 굳이 매슬로(A. H. Maslow)의 이론을 인용하지 않더라도 사람은 어느 누구나 창의력을 발휘하여 자신의 목표를 실현하고자 하는 욕구가 있다. 특히 새로운 도전을 갈망하는 젊은 세대라면 문학을 통해 자신만의 세계를 표현하고 싶은 욕망이 더욱 클 것이다. 그들이 학교 공부에만 얽매이지 않고 문학을 통해 심성을 갈고 닦는데 정진할 여유가 있다면 우리 사회는 정신적인 풍요를 기대해 볼 수 있지 않을까 싶다.

분주하고 바쁜 일상 속에서 삶의 새로운 에너지를 찾고 싶은 사람이라면 누구나 문학인이 될 수 있다. 그래서 평소에 관심이 있거나 좋아하는 문학 장르의 형식을 빌려 자신의 모습을 세상에 솔직하게 드러내 보이는 것도 참 좋은 시도가 될 것이다.

나의 수필 세계

나의 글에서 퇴고는 완벽성을 지향한다. 글이 어느 정도 만족할 만하면 퇴고를 시작한다. 퇴고를 하면서 문장이 가지는 의미와 문장을 구성하는 단어를 연결하여 숙고한다. 사전적 의미보다는 문맥 속에서 의미 전달의 정확성에 중점을 두고 단어를 선택한다. 퇴고를 하는 중에 글을 한 문단씩 소리 내어 읽어 본다. 읽다가 걸리는 부분이 생기면 읽기 쉽고 이해하기 편하게 수정한다. 이 과정은 글쓰기 중 가장 힘든 시간이다.

나의 작가노트
- 소재의 의미화와 완벽한 퇴고에 중점

  나는 오십 대가 되면서 인생 2막을 준비하기 시작했다. 학부를 졸업한 후 거의 삼십 년 만에 같은 대학의 박사 과정에 등록하였고, 학위 수여식 날 나는 또 한 가지를 이루기로 작정했다. 수필가가 되는 것이었다. 다행히 좋은 선생님을 만나 바른 생각과 자세로 수필 공부에 몰두할 수 있었다. 수필은 정년이 없으니 내게는 더 이상 좋은 것이 없는 듯했다. 무엇보다 퇴직 후 자유롭게 활동할 수 있는 좋은 취미 생활이었다.

  나는 수필가로 변신하기 위해 많은 노력을 기울였다. 오랜 세월 나의 마음과 생각을 고정시켜 놓은 공직자라는 허울에서 벗어나고 싶었다. 글쓰기의 표현 방식을 문예적으로 변화시키면서, 생각과 느낌을 형상화하는 방법을 배우고 함축과 절제의 기법도 익혀나갔다. 내 가슴속에 묻어 둔 사유의 편린들이 글 속에서 밤하늘의 별처럼 새롭게 되살아났다.

수필은 인내의 시험장이었다. 단어와 문장 하나에 밤이 새는 줄 모르고 매달렸다. 내 생각을 대신하는 보석을 찾아낸 날은 가슴이 뛰었고, 온 세상이 나의 것이었다.

나의 글은 주로 소재의 발견에서 시작된다. 주위의 모든 것에 관심과 애정을 가지고 바라보다가 우연한 기회에 소재를 만나곤 한다. 소재는 주제를 이끌어 낼 수 있는 의미를 가진 것으로, 그런 소재만이 겨자씨와 같은 강한 생명력을 가지고 글을 풍성히 자랄 수 있게 한다. 소재의 의미에 집중하다 보면 제재가 보인다. 우선 제재와 관련되는 것들을 생각나는 대로 메모해 둔다. 때로는 소재와 주제에 대한 것이 포함되기도 한다. 글쓰기의 시작이다.

메모는 그 후에도 끊임없이 이어진다. 외출을 하거나 식사를 할 때, 친구들을 만났을 때, 텔레비전을 보거나 책을 읽다가 소재나 주제와 연관되는 게 있으면 수시로 메모한다. 잠자리에 들어서도 벌떡 일어나 메모장을 찾는 일이 수도 없이 이어진다. 그런 과정을 통해 체험과 느낌들이 살로 붙여져 내용이 살아나고, 그것은 문장이 되어 문단으로 이어진다. 이렇게 만들어진 문단은 글의 구성 작업을 통해 순서가 정해지고, 마침내 초안이 완성된다. 그 사이에 주제는 구체화되고, 글을 관통하는 기둥으로 자리를 잡는다.

초안은 글의 기본이 되는 틀로서, 초안을 잡은 후 뜸을 들이는 숙성 과정을 거친다. 그 시간 동안 다른 시각에서 주제를 천착하고 소재에 대해 고민하면서 새로운 영감을 얻기도 한다. 초안에 대한 수정 작업은 수도 없이 반복된다. 이 과정에서 글의 구성과 문장의 흐름, 단어 사용의 적절성, 소재에 대한 의미 부여의 적합성, 소재와 주제의 관계를 종합적으로 관찰하는 한편, 수정을 통해 글의 품격이 점차 높아지는 경험을 하게 된다.

글 속에는 소재와 제재, 그리고 주제가 살아서 움직인다. 주제는 잘생기고 어엿한 모습으로 글 속에 우뚝 솟아올라 있지만, 제재와 소재는 글 마당의 한 귀퉁이에 숨어 있으면서도 자기의 존재 가치를 꿋꿋이 지키며 글의 중심 역할을 톡톡히 해낸다.

나의 고향 집을 찾아가서 앞마당을 바라보다가 마당 한구석에 어머니를 닮은 채송화 한 송이를 발견한 적이 있다. 거기서 어린 시절, 어머니가 마당에 채소를 심고 김장철이 되면 시래기 말리는 작업을 하시던 기억을 떠올렸다. 그 글의 소재는 고향 집 마당이었고, 채송화와 시래기는 제재로, 어머니에 대한 그리움을 주제로 삼았다.

나의 글에서 퇴고는 완벽성을 지향한다. 글이 어느 정도 만족할 만하면 퇴고를 시작한다. 퇴고를 하면서 문장이 가지는 의미와 문장을 구성하는 단어를 연결하여 숙고한다. 사전적 의미보다는 문맥 속에서 의미 전달의 정확성에 중점을 두고 단어를 선택한다. 퇴고를 하는 중에 글을 한 문단씩 소리 내어 읽어 본다. 읽다가 걸리는 부분이 생기면 읽기 쉽고 이해하기 편하게 수정한다. 이 과정은 글쓰기 중 가장 힘든 시간이다. 의미에 맞는 용어와 문장으로 수정하기 위해 한글 사전을 찾고 예문을 학습하는 것은 대학입시 때 국어 공부를 하던 때보다 훨씬 치열하다. 나는 그때마다 내 어휘력의 한계를 절감했다.

퇴고는 뜻밖의 계기를 맞아 새롭게 시작되기도 한다. 소재의 의미가 달리 보이기도 하고, 글 속에 있는 체험의 내용과 글의 구성을 바꾸고 싶은 경우에도 퇴고가 이루어진다. 그래서 탈고의 순간까지 퇴고는 수도 없이 반복되고, 탈고가 되어야 비로소 퇴고가 끝난다.

"퇴고는 글을 완성하는 단계라기보다 그 순간 내 마음에 흡족한 수준으로 여겨 방점을 찍는 작업에 불과하다. 작가들은 글이 인쇄되어 세상에 나오고 나서 후회를 적게 하려고 퇴고를 그토록 치열하게 하나 보다." 나는 언젠가 문학을 공부하는 친구에게 퇴고의 힘든 점을 이렇게 토로한 적이 있다.

내 글은 소재의 의미화에 역점을 두고, 단어와 문장의 적절한 선택과 수도 없이 반복되는 퇴고를 통해 완성된다.

자신에게 충실한 이방인
— 김국현 에세이집 ≪그게 바로 사랑이야≫를 읽고

이정림
≪에세이21≫ 발행인 겸 편집인·수필평론가

1

　사람은 저마다 꿈을 꾼다. 그러나 그 꿈의 실체는 정확하지 않다. 그래서 '막연히'라는 수식어를 그 꿈 앞에 놓는지도 모른다.

　그러나 처음부터 분명하고 확실하게 꿈의 목표를 세우는 사람도 있다. 김국현 작가는 "오십 대가 되면서 인생 2막을 준비하기 시작"한다.(〈나의 작가노트〉). 그러면서 두 가지 꿈을 목표로 세웠는데, 하나는 박사 학위를 취득하는 것이고, 또 하나는 수필가가 되는 것이었다. 박사 학위야 지금까지 걸어온 길의 연장선에서 충분히 가능한 꿈이었지만, 수필가가 되겠다는 꿈은 다소 의외라는 느낌이 들었다.

　프로이트는 꿈의 모든 요소는 해석 가능한 의미의 결정체라고 했다. 그래서 수필가가 되겠다는 그 꿈의 근원을 더듬어보았다.

그는 학창 시절 유달리 문학을 좋아했고, 국어 시간이 즐거웠으며, 교과서에 실린 수필들을 읽고 수필가에 대한 꿈을 갖게 되었다는 사실을 알게 되었다.(〈책을 내면서〉). 평생 공직에 몸담았던 이가 일찍이 문학청년이었다는 사실은 놀라운 발견이 아닐 수 없었다.

2012년, 마침내 ≪에세이21≫로 등단하던 날, 그는 "어릴 때의 소망을 이룬 기쁨으로 잠을 설쳤다."고 했다. 그리고 등단 소감에 〈새로운 꿈을 향하여〉라는 제목을 당당하게 붙이고 수필 인생에 첫 발을 내디딘다. 그러나 그는 "수필가로 변신하기 위해 많은 노력을 기울"여야만 했는데, 그것은 "오랜 세월 마음과 생각을 고정시켜 놓은 공직자라는 허울에서 벗어"나는 일이 쉽지 않았기 때문이라고 했다.

2

부모와 자식은 어떤 관계일까. 특히 아버지에게 아들은 어떤 존재일까. 이 작가는 〈메밀밭에서〉라는 글에서 분명히 그 정의를 내리고 있다. "자식은 언제나 아버지에게는 희망이다. 어떤 면에서는 자신보다 더 사랑하는 존재일 수 있다." 그러면서 자식을 두고 목숨을 끊은 어느 아버지와 이효석의 소설 〈메밀꽃 필 무렵〉의 주인공 허 생원을 예로 든다. 허 생원은 자기가 '동이'의 아비임을 내색하지 않으면서도 "자신의 분신을 확인한 것만으로도 행복을 느"낀 사람이었다.

　목숨을 버린 가장도 자기 아들이 이 세상에 존재한다는 사실만으로도 행복을 느낄 수 있었더라면 자살이라는 극단적인 선택은 하지 않았을 것이다. (신문) 기사 속의 아버지는 (중병에 걸린) 아들 때문에 불행했고, 소설 속의 아버지는 (자기가 생부임을 밝히지는 못해도) 아들 때문에 행복했다.
　　　　　　　　　　　　　　　―〈메밀밭에서〉 중에서

"허 생원과 자살한 가장이 보여 주는 서로 다른 모습은 자식에 대한 사랑의 양면성일 수 있"지만 "비록 못나고 부족하더라도 아버지에게 자식은 언제나 사랑의 대상"이라고 했다.
　그러면 이 작가의 아버지는 어떤 분이었을까. "아버지와 나는 늘 오랜만에 만나 잠시 같이 있다가 헤어지는 나그네 같은 관계였다. 그래서 아버지는 마치 찾아오는 승객들을 잠시 태우고 있다가 그들을 떠나보내는 기차와 같이 느껴지곤 했다."(〈아버지와 기차〉). 그러나 시골 역장으로 "기차와 같은 인생을 사신" 아버지는 아들의 눈에 너무도 멋져 보였다. "아버지는 검푸른 제복을 입고, 검은 천에 굵은 금테를 두른 빳빳하게 각진 모자를 쓰고 근무하셨다. 그렇게 멋진 모습으로 플랫폼에 서서 내가 탄 기차가 도착하기를 기다리시곤 했다."(윗글).

어린 아들에게 아버지는 닮고 싶은 커다란 우상이다. 열 마디 당부의 말보다 자랑스러운 아버지의 모습은 아들에게 큰 꿈을 심어 주었을 것이다. 장성하여 아들은 아버지의 기대를 채워 드렸지만, 그 아버지는 퇴색해 가는 당신의 제복처럼 노쇠해져 감을 안타까워한다.

은퇴해서 고향 집에 계시던 아버지는 개찰구 근처의 어스름한 불빛 속에서 나를 기다리곤 하셨다. 세월이 지나면서 기차역의 대합실과 앞마당이 자꾸만 작아 보였듯이 마중 나오신 아버지도 작아져 보였다. (…) 내가 달포 건너 찾아 뵐 때면 기다리다 지친 듯 유난히 움푹 들어간 두 눈에 이슬이 맺히곤 하셨다. (…) 그때 아버지는 이제 내가 가면 다시 볼 수 없을지도 모른다는 생각을 하고 계셨는지도 모른다. 마치 마지막 승객을 역사(驛舍)에 내려놓는 밤기차처럼….

—윗글에서

아버지가 자식에 대한 사랑을 마음의 뿌리에 묻어두는 이라면, 자식들의 마음을 살갑게 어루만져 주는 이는 어머니일 것이다.

"자랑쓰러운 우리 아들에게"라고 쓴 어머니의 서툰 글씨만 보아도 눈시울이 뜨거워지던 아들, 그 아들에게는 어머니의 사랑이 곧 힘이었다.

> 엄마는 너에 성공을 믿는다. 너는 우리 지베 자랑이라, 지그믄 어려울찌라도 조그만 참꼬 견디거라. 나는 맨날 너에 합껴글 빌고 또 빌고 잇따. 찰 챙겨주지도 모탰는데 아직또 잘 참꼬 시험 준비해주니 차므로 고맙따. 아버지의 못따 이룬 꿈을 네가 이루어 드려라.
> ─〈어머니의 편지〉 중에서

"떨어진 눈물에 글씨가 번져 잘 보이지 않"을 정도로 읽고 또 읽으며, 합격통지서를 받는 그 날까지 책상 앞에 붙여 두었던 어머니의 편지는 나약해지려는 아들의 마음을 다잡아 준 "인생의 이정표"였다. 어머니에게는 당신의 아들이 세상에서 제일 자랑스러웠듯이, "이 세상에서 제일 자랑스러운" 분은 어머니였음을 고백하는 아들은 아직도 감사와 사랑으로 목이 멘다.

부모님이 금슬 좋기로 소문이 난 분(〈합장(合葬)〉)들이어서 그럴까, 작가 역시 아내에 대한 사랑이 애틋하다. 설중매를 "몸서리쳐질 정도로 아름"(〈설중매〉)답게 생각하는 것도 그 꽃이 아내를 연상시키기 때문이다.

아내가 신행오던 날 입었던 분홍색 옷에도 붉은 매화 수(繡)가 놓여 있었다. 집 앞마당에서 산책을 하는 아내에게서 한 마리의 원앙새를 보는 듯했다. 마침 지나가던 동네 친구가 물었다. "마당에 계신 분이 부인인가?" 그렇다고 화답을 하면서도 나는 아내의 치맛자락에 새겨진 매화의 매력에 푹 빠져 있었던 것 같다.
―〈설중매(雪中梅)〉 중에서

그러나 "설중매가 질까 봐 애간장"을 태우면 무엇하랴. 세월은 아내에게서 봄날을 앗아간 것을. 그래서 지아비는 그 안타까움을 이렇게 표현한다.

햇빛에 반사된 설중매를 보고 있노라면 예쁘고 아름답던 시절이 순식간에 지나가 버린 내 아내의 젊은 날이 연상된다. 아내는 그때가 그리운가 요즘도 분홍색 옷을 즐겨 입는다. 지나온 세월을 아쉬워하는 아내가 볼 수 없게 봄이 오기 전에 설중매를 눈 속에 깊이 감추어 둘 터이다.
―윗글에서

누구나 지금까지 써 온 문장의 성격을 바꾼다는 것은 쉬운 일이 아니다. 그러나 김국현 작가의 문장은 미문에 가까울 정도로 아름답다. 그것은 문장가이셨던 아버님의 문재(文才)를 이어 받았기 때문이 아닐까 싶다.

〈산수화 속으로〉라는 글은 소재를 형상화하는 시각이 독특하고 신선했다. 많은 작가들이 자연의 풍경을 글로 그려 냈지만, 대부분 바라보는 관점에서 썼다. 그러나 이 작가는 풍경을 하나의 산수화로 보면서 자신이 소재가 되어 그림 속으로 들어가는 독창적인 기법을 사용한 것이다.

> 걸음을 옮길 때마다 그림의 장면이 바뀐다. 아까 본 가로등이 내 옆을 지나가고, 다른 가로등이 호숫가로 줄을 지어 밤길을 밝히고 있다. 혼자서 혹은 짝을 지은 사람들이 제각기 다른 모습을 하고 내 앞으로 다가온다. 그들은 굽이진 길 안쪽에 그려진 산수화 속을 나오면서 지금 내가 지나온 그림 속으로 다시 들어간다.(……)
> 공원은 사람과 자연이 어우러져 파노라마 같은 산수화로 가득하였고, 모두는 그 속에서 행복해 보였다.(……)
> 오늘도 호수공원의 산수화 속에서 나는 무한한 자유와 평안을 느낀다.
>
> ―〈산수화 속으로〉 중에서

김국현 작가의 내면에 잠재한 철학은 무엇일까. 그 궁금증은 까뮈의 소설을 소재로 한 〈이방인〉에서 풀 수 있었다. 작가는 "현실에 적응하지 못하는 뫼르소와 같은 인간형이 이방인이 아니라, 자신의 참된 자아를 감추고 위선적인 삶을 살아가는 현대인들이 바로 이방인"이라고 했다. "나 자신에게 솔직하고 내가 좋아하는 삶을 살겠다는 열정을 가진다면 우리는 결국 모두가 이방인일 수밖에 없"다는 것이 그의 지론이었다. 그렇다면 김국현 작가는 용감히 가면을 벗고 자신의 민낯을 솔직하게 드러내야 한다.

> 혼자라도 좋다. 나 자신에게 충실한 이방인이 되자. 아무 거리낌도 없이 내가 옳다고 생각하는 것을 실천하는 그런 인생을 살아보자. 어느 누가 이방인을 판단하는 정당성을 가질 수 있고, 어떤 기준과 가치로 이방인의 경계를 정할 수 있겠는가. 내 얼굴의 가면을 벗으면 나도 또 한 사람의 이방인이 될 바에는 도리어 솔직해지는 게 나을지도 모른다.
>
> ―〈이방인〉 중에서

자신에게 충실한 이방인, 이 작가는 "사회가 요구하는 인간형이나 주류에 속"하기 위해 자신을 기만하는 행위는 하지 않겠노라고 했다. 그렇다면 그는 사회에서 소외당하는 이방인이 아니라 분명한 철학으로 자신의 삶을 영위해 나가는 자유인이 아닌가.

그래서일까, 이 작가는 상식적인 해석을 거부한다. 밤을 부정적으로 보는 보편적인 시각을 긍정적으로 바꾸어 놓는 것이다. 그가 고요한 밤을 좋아하는 것은 감상적이어서가 아니라, "학창 시절에는 어려운 시험문제를 풀며 고뇌와 열정 속에서 젊은 밤을 지냈고, 나이 들어 공직에 있을 때는 새로운 정책을 구상하느라 수많은 밤을 하얗게 지새우곤 했"(〈밤의 정적 속에서〉)기에 밤이 지니고 있는 창조적인 역동성을 보았기 때문이다.

> 밤은 더 이상 절망의 시간이 아니다. (…) 밤을 유익하게 보내면 새 아침을 자신 있게 맞이하듯이, 밤을 사랑하는 사람은 희망을 가지고 더 좋은 내일을 기약할 수 있다. 성공과 보람의 열매가 기다리기에 밤을 잊은 그들에게 이 밤은 더없이 소중하다.
> ―〈밤의 정적(靜寂) 속에서〉 중에서

〈노란 리본〉에서는 사회적 아픔에 동참하는 작가를 본다. 수필은 작가 자신의 체험에서 소재를 잡기에 사회에서 일어나는 일에도 관심을 가질 수밖에 없다. 제주도로 수학여행을 가던 학생들의 배가 침몰하여 많은 사상자를 냈다. 일명 세월호 사건. 이 작가는 그들의 영혼을 위로하기 위해 분향소를 찾아간다. 그리고 이 글을 서정적으로 마무리한다.

나는 영정 속의 어린 학생들을 올려다보며 그들이 바다 속에서 살기 위해 안간힘을 쓰는 모습이 생각나 가슴이 아려 왔다. 그동안 무엇을 하고 있었느냐고, 어쩌면 그리 무능하고 무심했느냐고 아우성치고 있는 듯했다. 초롱초롱한 눈망울을 차마 더 이상 바라보지 못하고 나도 모르게 허공을 쳐다보고 있었다. 그 예쁘고 순박한 모습들은 이제 이 세상에 없다.

―〈노란 리본〉 중에서

3

　김국현 작가는 그동안 왜 그토록 수필을 쓰고 싶어 했는가. 그것은 "자신을 위해서는 숨어 있는 참 나를 발견하"는 일이지만 거기에 그치지 않고 "세상과의 색다른 만남으로 삶의 깊이를 느"끼기 위함이며, "독자에게는 감동을 주고 세상을 밝고 아름답게 가꾸기 위함"(〈수필에 대하여〉)이라고 했다.

　올해 회갑을 맞는 이 작가는 이제 새로운 인생을 시작하려 한다. 그리고 이 시작에 맞추어 내는 첫 수필집은 "지난 세월 나의 육신과 영혼을 사랑해 준 나 자신을 위한 선물"(〈책을 내면서〉)이라고 했다.

　아침에 일어나면 무슨 소재를 잡을까 그것부터 생각하는 작가,

"글감을 잡을 때는 창공을 나는 새들의 조그만 손짓도 무심히 지나치지 않는" 작가, 앞으로 그는 독자들에게 우리의 일상이 얼마나 아름답고 깊이가 있는가를 보여 주게 될 것이다.